A Bruxaria Hoje

Gerald B. Gardner

A Bruxaria Hoje

Introdução de
Margaret Murray
Outrora Professora Assistente de Egiptologia
na University College, Londres

Tradução:
Julia Vidili

Traduzido originalmente do inglês sob o título *Witchcraft Today*.
© 2019, Madras Editora Ltda.

Editor:
Wagner Veneziani Costa

Produção e Capa:
Equipe Técnica Madras

Tradução:
Julia Vidili

Revisão:
Augusto do Nascimento
Silvia Massimini

**Dados Internacionais de Catalogação na Publicação (CIP)
(Câmara Brasileira do Livro, SP, Brasil)**

Gardner, Gerald Brosseau, 1884-1964.
A bruxaria hoje / Gerald Brosseau Gardner; tradução Julia Vidili; introdução de Margaret Murray. – 2. ed. – São Paulo: Madras, 2019.
Título original: Witchcraft Today.

ISBN 978-85-370-1191-1

1. Bruxaria I. Vidili, Julia. II. Murray, Margaret. III. Título.
19-24570 CDD-133.43
Índices para catálogo sistemático:
1. Bruxaria: Ocultismo 133.43
Iolanda Rodrigues Biode – Bibliotecária – CRB-8/10014

Proibida a reprodução total ou parcial desta obra, de qualquer forma ou por qualquer meio eletrônico, mecânico, inclusive por meio de processos xerográficos, incluindo ainda o uso da Internet sem a permissão expressa da Madras Editora, na pessoa de seu editor (Lei nº 9.610, de 19/2/1998).

Todos os direitos desta edição, em língua portuguesa, reservados pela

MADRAS EDITORA LTDA.
Rua Paulo Gonçalves, 88 – Santana
02403-020 – São Paulo – SP
Caixa Postal 12299 – CEP 02013-970 – SP
Tel.: (0_ _11) 6959.1127 – Fax: (0_ _11) 6959.3090
www.madras.com.br

ÍNDICE

Prefácio 13

Introdução da Edição Brasileira 15

Introdução 21

Capítulo I – Bruxaria Viva 23

Alguns livros sobre bruxaria – o autor teve permissão de escrever sobre bruxas – "visão de dentro" – iniciações primitivas afins à bruxaria – o poder das bruxas exala do corpo, a partir da nudez – a teoria do autor sobre um campo eletromagnético – certos ritos aumentam a clarividência – o autor refuta a visão de Pennethorne Hughes de que a bruxaria é um culto ao mal – rituais das bruxas – bruxas não são pervertidas frustradas – sua crença de que seus ancestrais vêm do Oriente e o paraíso é ao Norte – cerimônia do renascimento do sol – o caldeirão da regeneração e a dança da roda – a natureza do círculo da bruxa para manter o poder – negação do uso de caveiras, etc. – bruxas nada têm a ver com a Missa Negra – a iniciação à bruxaria desenvolve certos poderes conhecidos coletivamente como magia – "dentro do círculo elas estão entre os mundos" – necessidade de um parceiro.

Capítulo II – Houve Bruxas em Todas as Eras 35

Poderes largamente hereditários – seu uso na Idade da Pedra – o mito da Grande Mãe – o desejo de renascer do homem primitivo é também o das bruxas – paraíso especial para adoradores – bruxaria no Antigo e no Novo Testamentos – bruxas em diversos lugares e eras – papado e sacerdócio tratam a bruxaria como rival, como maniqueus e cataristas, waldenses e albigenses – identificação dos pagãos com bruxas e heréticos – a verdade sobre as vassouras – os tempos da perseguição; Matthew Hopkins e suas vítimas – uma era de bronze da bruxaria na Dinamarca – crenças druídicas – cultos bruxescos mexicanos com uma deusa nativa – encobrimento da bruxaria com o advento da cristandade – o Povo Miúdo: duendes, fadas ou uma raça primitiva?

Capítulo III – Crenças das Bruxas...43

O reino após a morte, onde há o alívio antes do renascimento – texto integral do Mito da Deusa – paralelos com outras crenças – a declaração lida antes da iniciação na comunidade das bruxas – a bruxaria não é anticristã – liderança com primazia feminina.

Capítulo IV – Práticas das Bruxas 49

No passado as bruxas eram os "jovens brilhantes" das classes intelectuais – após as perseguições, os encontros se tornaram pequenos e privados – razões para pensar que o culto é muito antigo – os rituais das bruxas – Aleister Crowley, Rudyard Kipling, Hargrave Jennings, Barrat do Magus e *Sir* Francis Dashwood – a opinião do autor de que a bruxaria veio diretamente da Idade da Pedra, algo influenciada pelos mistérios clássicos – não inventada pelo diabo – o Deus da Morte como grande protetor – o doutor Fausto e a ideia da venda da alma – estabelecimento de informações contra as vítimas – o ódio Manx pelos informantes – instruções em escritos de bruxas (na íntegra) – por que bruxas dormem sob tortura – o uso de óleos de unção – preparativos para Sabás – o uso de corpos untados com óleo – a bruxaria é superstição ou religião?

Capítulo V – O Povo Miúdo 59

Raças pigmeias na Europa e em outros lugares – poderes mágicos e veneno – esposas "fadas" e o rapto de crianças e noivas – a esposa "fada" do clã MacLeod e a bandeira fada de Dunvegan – os Pictas de Orkney e Harold Haarfaga – empregados anões em famílias líderes – teriam os anões chamados Kerions construído os megalitos? – fadas engajadas em uma batalha em 1598 – casamento com povos não encantados e a pequena estatura dos Manxmen: teriam eles as características dos povos Pixies?

Capítulo VI – Como o Povo Miúdo se Tornou Bruxas e Sobre os Cavaleiros Templários 65

Possível retorno dos bretões romanizados às deusas do Povo Miúdo – os normandos parcialmente pagãos deixam o povo pagão em paz – alianças entre normandos e aborígines – cultos de bruxas na França e na Normandia – nobres assistem ao Sabá – o cavalheirismo que exalta as mulheres pode ter tido origem no culto da Deusa – modos mágicos com animais – o povo das florestas começa a se vestir de verde – Robin Hood e seu grupo de bruxas e grandes sacerdotisas – a natureza dos Jogos de Maio – o Mastro, um "ídolo fedorento" – perseguição iniciada pelos papas, exterminação dos povos da floresta – O cristianismo vence com a "salvação barata"– Lady Glamis e a duquesa de Gloucester sofrem – o caso contra os Cavaleiros Templários – a regra oculta que eles quebraram – os Templários condicionam seu corpo como as bruxas e adoram uma cabeça, usam a nudez e se encontram à noite – nove acusações oficiais contra os Templários – a natureza da jornada até o castelo de Graal – mistério do desaparecimento de 14.200 Templários – pilhagem é o principal motivo da perseguição – o significado peculiar de usar um cordão – regras templárias de discrição e probabilidade de um "círculo interno" – o culto de uma cabeça de morto liga os Templários às bruxas – a independência dos Templários perante bispos e confessores – pisando e cuspindo na cruz – o "Sagrado Templário" era o Cálice – o que era o Santo Graal? – cinco formas – viria ele de um "lugar entre os mundos"? – o Graal como pedra – a lenda da derrota da cruz, revelada em 1307 – ligações com o caldeirão céltico – as procissões do Graal e a adoração de cabeças – beijando os pés de um esqueleto – a posição ritual das Altas Sacerdotisas – os Templários podem ter-se juntado a cultos selvagens após seu retorno do Oriente.

Capítulo VII – As Bruxas e os Mistérios...83

Afinidades das bruxas com o Vodu e os antigos Mistérios – a "Villa dos Mistérios" de Macchioro – o novo nascimento é a identificação do si-mesmo com a divindade – os pequenos e grandes Mistérios foram o centro da vida grega por 1.100 anos – um relato da *Villa* e oito estágios da liturgia revelados por pinturas – a essência interna de todos os Mistérios é a mesma – as danças selvagens mostram a felicidade – efeitos duvidosos da derrota das danças tribais africanas – corrupção dos Mistérios pelos romanos – menção dos mistérios por Platão, Tales e Stoboeus – a felicidade dos povos antigos é atribuível a esses cultos

Capítulo VIII – Fora da Terra do Egito?..............................93

Explicação de Pennethorne Hughes sobre a origem da magia africana e sua transplantação para o Novo Mundo em forma de Vodu – a tradição das bruxas de vir do Oriente – espadas de bruxas – possível ligação com os adoradores egípcios de Seth – elementos similares no culto das bruxas e nos Mistérios – o professor grego fez do homem o modelo para as crenças, não o adaptou a códigos externos.

Capítulo IX – Bruxaria na Irlanda......................................99

O caso de Lady Alice Kyteler e os Povos Miúdos – o caso de Dyonisia Baldwyn em Exeter, 1302 – indicações de que os tribunais nunca acreditaram que a bruxaria pudesse trazer algum malefício às pessoas – rumores sobre um culto na Irlanda do Sul – cópias do ritual das bruxas – declarações recopiadas a cada geração – a essência da magia é aumentar o poder.

Capítulo X – O que São Bruxas? 103

As bruxas eram as Wica ou pessoas sábias, com conhecimento de ervas e um ensinamento oculto funcional normalmente usado para o bem – o autor contesta Pennethorne Hughes no que diz respeito a usos para o mal e venenos – bruxas lançam feitiços para impedir o desembarque de Hitler – uso anterior da mesma técnica com Napoleão e a Armada Espanhola – o assassinato de nove milhões de bruxas – o papel representado por São Domingos – os métodos dos inquisidores: o uso da tortura – relato detalhado das torturas usadas na Alemanha – relatos dos sofrimentos das vítimas sob tortura na Espanha – relato de Aldoux Huxley da tortura e morte de Grandier, 1634 – o autor repudia a acusação de que as bruxas conduzem uma Missa Negra – liberdade ainda negada às bruxas, cujo objetivo é a liberação do êxtase – uso de ervas para esse fim – o escândalo do Beijo da Vergonha – pactos com o diabo e alguns relatos em *Grimoires* – pactos entre grupos de bruxas – contatos com outros corpos no século XVIII – numerologia das bruxas – dois significados de grupo de bruxas – elas são menores agora – após a conquista normanda, o senhor local frequentemente era representado como o Diabo – o uso do controle da respiração e das glândulas sem dutos, ervas e venenos – o papa faz da cirurgia e da bruxaria crimes – o rei Edward III e a origem bruxesca da Ordem da Jarreteira: dois grupos de bruxas encabeçados pelos monarcas – as 168 letras S no manto do rei – inverdade da acusação de que as bruxas abjuram o cristianismo – ligação com as bruxas de hoje na Índia Ocidental e no Congo – a bruxaria é hereditária – as bruxas acreditam em deuses que não são onipotentes e gostam quando os homens estão felizes – citação dos versos "A bruxa lembra de sua última encarnação"

Capítulo XI – Alguns Outros Assuntos..123

Detalhes sobre o grupo de bruxas moderno e seu círculo – curiosa ausência da taça entre as ferramentas de trabalho das bruxas – substituição do incensório e do pentáculo – bruxas não podem "trabalhar" o clima, mas têm poder de clarividência e de observação sobre ele – períodos da história que foram propícios às bruxas: Atenas, talvez a antiga Creta e o Egito – nos tempos célticos, elas tinham grande espaço, mas oposição em Roma – o obscurecimento da bruxaria pela magia cabalística durante a Renascença – venenos italianos e envenenamentos por ptomaína fizeram recair acusações sobre as bruxas – uma imagem de cera de Elizabeth – seria o conde de Bothwell o líder das bruxas escocesas? – bruxaria moderna condenada pela mudança de condições.

Capítulo XII – Quem é o Diabo?..129

O ano gaélico e os festivais das bruxas – o deus representado pelo Grande Sacerdote, conhecido como Diabo – originalmente ele era um homem culto ou um druida – o Deus Cornudo é substituído pelo homem mascarado – como as bruxas reconheciam o Diabo? – elas adotaram a calúnia da Igreja e adotaram Satã para aumentar seu poder – descobertas da caveira com ossos cruzados em túmulos do século XIV e anteriores na Ilha de Man – teria sido Osíris cultuado ali? – enterros similares em Yorkshire – o signo é um símbolo de morte e ressurreição – uso de cintos como cordões para a amarração mágica – as questões da rainha de Sabá para o rei Salomão sobre ocultismo – procissões das bruxas tomam as cores da localidade e as superstições em voga – nomes dos deuses das bruxas não são revelados.

Capítulo XIII – Recapitulação...135
.... *O que é o "Poder" das Bruxas?* – dificuldades em registrar os ritos das bruxas – Aleister Crowley usa seu próprio sangue – a falha do método experimental, uma vez que os efeitos das bruxas dependem de sentimentos reais – a origem das histórias de bruxas que viravam animais – relato de uma bruxa sobre uma crença de quinhentos anos – "os deuses precisam de nossa ajuda, vamos para seu lindo país quando morremos e renascemos entre nosso povo e nosso sofrimento nos aperfeiçoa" – outra narrativa: "algo parece esbarrar em minha alma" – dificuldades nos gritos agudos e danças barulhentas – a dança do encontro – um método para enlouquecer – a dança das bruxas está na origem da valsa através da *Volta* – o relato da dra. Margaret Murray sobre a pintura de um bruxo no século XVII e seu *familiar* – Robert Graves imagina um governo ideal semelhante ao da antiga Creta – o êxtase da deusa é atingido de diversas maneiras, mas a realização regular dos ritos é necessária.
Sacrifício de sangue – não é necessário, mas pode ajudar a materialização – mentiras sobre o sacrifício de bebês inventadas pela Igreja para obter taxas de batismo.
Sabás – possível derivação de Sabazius, mas mais provavelmente adaptado do Sabbath cristão.
As bruxas podem fazer poções de amor? – conselhos sobre como unir jovens.
É possível para as bruxas fazer mal às pessoas? – o uso de uma bateria de vontades humanas – a tradição dominicana de orações para amaldiçoar e uma maldição moderna em uma Igreja da Ciência Cristã.
Marcas das bruxas – significados de certos braceletes e sinais e também de colares.
As ferramentas das bruxas – ferramentas antigas sempre são melhores, pois têm mais poder – basta ter uma faca de bruxa, um incensório e um cordão, etc. – disfarce das ferramentas – uso do incenso e do óleo corporal.
O que é o Poder das Bruxas? – essencialmente, a mente sobre a matéria, utilizando vontades humanas acumuladas, focadas em

uma parte de uma pessoa – confirmação moderna desse método por meio da radiestesia ou rabdomancia, um tipo natural de controle sem fio – o autor visita a Costa do Ouro da Nigéria para traçar ligações com o Vodu – "há muitos caminhos que levam ao centro" – magias de todos os tipos tentam evocar espíritos e creem em seu poder sobre os fenômenos naturais, usando sangue, etc. – a bruxa repudia tais métodos, mas acredita em influenciar a mente alheia com hipnotismo de logo alcance – o poder da determinação – o autor define o trabalho do antropólogo como a investigação de pessoas e crenças, fora das teorias moralistas – a bruxaria poderia controlar a bomba de hidrogênio?

Bibliografia...157
Livros de Fontes e Referências Mencionadas no Texto...........157
Panfletos, Artigos, Etc. 158

PREFÁCIO

Bruxas da Inglaterra me disseram: "Escreva e conte às pessoas que não somos pervertidas. Somos pessoas decentes, apenas queremos ser deixadas em paz, mas há certos segredos que você não pode revelar." Após alguns argumentos sobre o que não deveria ser revelado, tive permissão de contar muito do que jamais havia vindo a público em relação a suas crenças, seus rituais e suas razões para o fazer; também para enfatizar que nem suas presentes crenças, nem seus rituais e práticas são maus.

Escrevo apenas sobre o que ocorre no Norte, Sul, Leste e Oeste da Inglaterra de hoje, em grupos de bruxas que eu conheço. Além disso, mostrei a origem de pelo menos algumas das histórias que foram contadas sobre o ofício. Posso apenas repetir as palavras de Lúcio Apuleio nas *Metamorfoses*, XL, 23, que escreveu um longo relato de sua própria iniciação nos mistérios em linguagem crítica, dizendo: "Contei a você coisas que, embora você tenha ouvido, não pode saber o significado".

O Museu da Magia e da Bruxaria em Castletown é o único no mundo devotado à magia e à bruxaria. Tenho provas materiais do que digo.

Eu gostaria de manter contato com pessoas de outros grupos de bruxas para discutir esses assuntos e ouvir alguém que tenha mais informações sobre o tema da bruxaria.

Desejo agradecer ao sr. Ross Nichols, editor da cristã *História e Prática da Magia*, por me fornecer informações suplementares e por suas sugestões e comentários muito úteis.

G. B. Gardner

Diretor,
Museu da Magia e da Bruxaria
The Witches' Mill
Castletown, Ilha de Man.

Introdução da Edição Brasileira

A Bruxaria Hoje, de Gerald Gardner, é um marco no renascimento da bruxaria, ou na criação da wicca (palavra de origem anglo-saxã). Este livro serviu para trazer a público a bruxaria e para reavivar o interesse pelo tema, tarefa engendrada anos antes por *Aradia, o Evangelho das Bruxas* de Charles Godfrey Leland, o importantíssimo *O Culto das Bruxas na Europa Ocidental* de Margaret Murray* e *A Deusa Branca* de Robert Graves, sem esquecer, é claro, *O Ramo de Ouro* de Sir James Fraser. Todos estes livros semearam o caminho para que a wicca viesse a florescer.

Gardner passou a maior parte de sua vida trabalhando na Malásia. Desta forma, pôde entrar em contato com várias tradições exóticas. Este gosto fez com que, após a sua aposentadoria e regresso à Inglaterra, ele ingressasse na "Sociedade de Folclore". Além dela, ele percorreu os meandros do ocultismo britânico, pesquisando as mais diversas fontes. Nessas pesquisas, ele conheceu Aleister Crowley e Old Dorothy Clutterbuck, importantes figuras em sua trajetória.

Gardner foi membro da "Fellowship of Crotona", em New Forest, onde ele se deparou com Dorothy Clutterbuck, que o teria iniciado na bruxaria.

Podemos imaginar que Gardner forjou a iniciação no *coven* de Old Dorothy, ou, de fato, ele se deparou com este *coven*, talvez um grupo formado baseado no trabalho de Murray. Há quem diga que este *coven* nunca existiu, mas há relatos que dizem que na segunda grande guerra, em New Forest, um grupo de bruxas se reuniu para impedir o desembarque dos exércitos nazistas.

A própria existência de Old Dorothy Clutterbuck era colocada em dúvida; por sua vez, Doreen Valiente, discípula de Gardner, consegue provar a existência de Old Dorothy Clutterbuck.

---

* Lançado pela Madras Editora

Nada disso prova efetivamente a afirmação de Gardner e, por sua vez, também não a nega. O que salta aos olhos é o ecletismo de elementos usados por Gardner na confecção da wicca.

Muitos dos rituais são criados a partir de elementos da Magia Cerimonial, especialmente a advinda da Aurora Dourada (*Golden Dawn*), da Maçonaria, dentre outras fontes.

Os fundadores da G.D Mathers, Westcoott e Woodman eram maçons e membos da SRIA, da qual, por sua vez, Hargrave Jennings era membro.

Havia boatos da ligação de Jennings com um coventículo, e Gardner até imaginava que ele poderia ser o "autor" do *Livro das Sombras*. As ligações de Jennings com cultos fálicos são proverbiais.

Hargrave Jennings era o autor do livro *Os Rosa-crucianos*, no qual narra várias facetas do ocultismo e dentre elas elementos da bruxaria.

Duas fontes têm uma importância especial na criação da wicca: Aleister Crowley e Charles Godfrey Leland, através do seu livro *Aradia, o Evangelho das Bruxas*.

Para alguns estudiosos, o verdadeiro "pai" da bruxaria wicca foi Aleister Crowley e não Gardner, sendo Crowley o autor do *Livro das Sombras**

Muitos anos antes, Crowley já havia se colocado como profeta na nova era e ressurgidor do paganismo. Tinha pesquisado e desenvolvido várias vertentes da Magia e seria a pessoa ideal para "consultor" de criação de um culto de bruxaria.

Gardner foi feito membro da O.T.O,** ordem Mágicka restruturada por Crowley. Lá ele veio a conhecer Kenneth Grant, dentre outros.

A relação entre os dois (Crowley e Gardner) era amistosa, e o próprio Gardner crê que uma das pessoas capazes de ter escrito o *Livro das Sombras* era Crowley. Uma forma talvez de lhe dar a autoria sobre o livro, ou justificar a grande quantidade de material de Crowley.

Independentemente de quem foi o autor, há inúmeras passagens de Crowley no *Livro das Sombras* de Gardner: "Eu sou a chama que arde em todo coração humano, e no núcleo de toda estrela. Eu sou Vida, e o doador da vida, entretanto, conhecer-me é conhecer a morte". "Eu os amo! Eu anseio por vós! Pálido ou púrpura, velado ou voluptuoso, Eu que sou todo prazer e púrpura, e ébria no sentido mais profundo, os desejo."

De todas as passagens, a mais clara é "Faz o que tu queres desde que não prejudiques a ninguém" (ou correlata), uma adaptação clara de "Faz o que tu queres há de ser o todo da Lei", a máxima de Crowley. Ou ainda o uso do pentagrama "Meu número é 11, como todos seus números que são nossos. A Estrela de Cinco Pontas, com um Círculo no meio". O pentagrama wiccano é o inverso, ou seja, uma estrela circundada pelo círculo.

**A History of Witchcraft*, J.B. Russell Thames and Hudson ltd.

** O.T.O: Caixa Postal 12108–São Paulo/SP – CEP. 02013-970 – e-mail: oto@otobr.org Site: www.aleistercrowley.com.br.

Há inúmeras outras passagens e partes nitidamente influenciadas (ou escritas por Crowley).

A outra como vimos foi o livro de Leland *Aradia, o Evangelho das Bruxas,* escrito através do relato de uma jovem chamada Maddalena – uma bruxa de Florença, na Toscania. Ela se diz descendente de uma tradição da bruxaria, a *Stregoneria.* O quanto disso foi invenção da "fonte" (uma bruxa que concordou em revelar alguns segredos) de Leland ou criação dele próprio não sabemos, mas o importante é que este livro trazia em "primeira mão" um culto de bruxaria.

No *Evangelho das Bruxas* é narrada a história de Diana, que se une com seu irmão e filho Lúcifer. Desta união nasce Aradia, que vem à Terra para ensinar a arte da bruxaria. Tecnicamente, esta tradição remontaria aos etruscos.

Por mais que a narrativa de Leland seja difícil de sustentar-se, é bom lembrar que relatos sobre o culto da deusa Diana (mãe de Aradia) são conhecidos durante a Idade Média. Este culto era atribuído às bruxas, as fiéis da deusa.

O historiador (antropólogo) Carlo Ginzburg em seus livros *Storia Notturna, Una decifrazione del sabba* e *I benandanti: stregoneria e culti agrari tra Cinquecento e Seicento* coletou vários relatos sobre bruxaria, paganismo e cultos da fertilidade na Idade Média e Moderna.

Vale salientar que na pesquisa de Ginzburg um dos nomes da deusa era Diana, nomenclatura usada pela Igreja. Por sua vez, a deusa era chamada na verdade de várias outras formas. O sincretismo entre os cultos pagão e o cristianismo se fazia presente, mas muito provavelmente a roupagem cristã fosse a camuflagem de um substrato pagão muito mais antigo.

O papel da Igreja foi demonizar os cultos e enquadrá-los às ideias oficiais, ou seja o Sabá de adoração ao diabo. A igreja católica contribuiu à sua moda para a união entre Diana e as divindades Germânicas da fertilidade, já que, durante as conversões destes povos, nomenclaturava as divindades locais de Diana, um nome "clássico". De outra feita, isso facilitava "encaixar" as crenças politeístas à sua teoria demonológica.

A influência da igreja fez também com que as deusas se confundissem no imaginário popular; as narrativas no púlpito acabavam criando o que tencionavam erradicar. Não só a Igreja interpretava as divindades de outros locais como sendo as do mundo clássico, os romanos muitas vezes efetuavam correlações entre as suas divindades e de outros povos. Faziam parte do Império populações celtas, teutônicas e eslavas, dentre várias outras. Desta forma, por exemplo, Diana – a deusa romana – ganhava atributos da Epona céltica.

O Império Romano acabou por promover a miscigenação de cultos.

Isso produziu sincretismo entre algumas divindades. Para completar o quadro no fim do Império, com a invasão dos bárbaros, mais tradições e influências se acumulam. A Itália foi conquistada por godos, vândalos, lombardos e hunos. Séculos depois, veio o Sacro Império Romano Germânico.

Essa miscigenação produziu lendas sobre a "cavalgada das bruxas", chefiadas pela deusa Diana. Um sincretismo entre as divindades mediterrâneas e as germânicas.

Os nórdicos em seus Eddas mencionam que as bruxas iam para sua reunião montadas em lobos, javalis ou "paus de cerca".

Para termos uma ideia, as crenças em uma deusa noturna, "Diana", se manteve bem viva em alguns locais da Itália. Em 1457, três senhoras são processadas por causa disso. As acusadas chamavam a deusa de Bona Domina ou Richella.

O Bispo que as interrogou tentou convencê-las das loucuras de suas afirmações, dizendo que eram induzidas pelo Demônio, por demência e ignorância. As senhoras haviam narrado que participavam de reuniões, nas quais se comia, bebia e dançava, e havia homens vestidos de peles. Richella surgiu em uma carroça; era uma mulher bem vestida, e ao tocar as senhoras fez delas suas seguidoras.

Estas "bruxas" eram praticantes de um culto extático de natureza xamânica, centrado na adoração de uma deusa. As partes da Europa que tiveram em sua história influência céltica eram locais proeminentes desses cultos.

É curioso como o padrão se repete em vários locais do velho mundo, de forma alguma mantendo um todo coeso, mas, por sua vez, mantendo vivos elementos do paganismo (ou xamanismo) até períodos recentes. Os locais mais impensáveis foram palcos destes cultos, como por exemplo a Sicília do século XVI.

Na Roménia, por exemplo, a deusa tinha o nome de Irodiada ou Arada.

Carlo Ginzburg afirma: "Relatos vindos de um lado a outro da Europa, em um intervalo de tempo milenar, trouxeram à tona os traços de uma religião extática predominantemente feminina, governada por uma deusa noturna de muitos nomes. Nessa deusa vislumbramos um hibridismo tardio, de divindades célticas."

No julgamento de Isabel Gowdie no Reino Unido, há narrativa do encontro com o mundo elemental, ou das fadas, mas prontamente os inquisidores levaram o julgamento ao ponto que os interessava, o Diabo. Os familiares das bruxas eram derivados dos espíritos elementais, fadas, gnomos, etc., e não de demônios.

O processo de satanização das crenças é bem observado no caso dos Benandanti, um culto da fertilidade que protegia as colheitas e lutava contra as bruxas (na verdade, uma batalha simbólica). A princípio o sincretismo entre o cristianismo e as crenças locais é harmonioso, e os Benandanti são defensores das crianças e das colheitas; com o passar do tempo, eles se enquadram na visão do sabá satânico, fruto talvez de anos de pregação ou da evolução dos costumes e da degradação do ambiente. O palco foi o Friuli no norte da Itália, que era um rincão isolado, onde se encontravam as influências germânicas, eslavas e italianas.

É possível rastrear cultos similares por todo o leste europeu, onde tradições xamânicas se mantêm vivas, unidas a elementos do cristianismo.

Santo Agostinho menciona que as religiões pagãs foram inventadas pelo Diabo para afastar as pessoas da fé cristã. Quando os fiéis cultuam as divindades pagãs, na verdade cultuam o Diabo.

Por outro lado, a Igreja usurpava as características e os dons dos deuses pagãos para os seus santos.

A Igreja tratou todos os cultos que encontrou da mesma forma, tanto que o termo pagão, em sua origem, é pejorativo, designando algo primitivo, rústico.

Um ponto curioso sobre a bruxaria é o padrão muito similar encontrado nos locais mais diferentes e sem nenhum contato. A melhor, ou uma das melhores explicações, é o inconsciente coletivo e a teoria dos arquétipos.

Desta forma, a grosso modo, a bruxaria seria transmitida não linearmente, de bruxa para bruxa, mas sim, como um aspecto profundo da raça humana. Desta forma, ela poderia emergir nos locais mais distantes entre si, como de fato aconteceu. Isso explica, em parte, a similitude entre alguns aspectos da bruxaria africana e a inglesa. Notei isso em minha pesquisa sobre Vampiros e Bruxaria, em que o padrão dos relatos se repetia, da Malásia ao Caribe. Inúmeros outros pesquisadores se depararam com este padrão, suscitando as mais diversas teorias.

A bruxaria é parte integrante da Magia europeia, e não só no passado remoto. Alguns membros de Ordens como a G.D fizeram pesquisas de campo, nas quais afirmam ter encontrado estas tradições vivas. Temos o relato de J.W Brodie-Innes sobre as tradições celtas e de bruxaria, publicadas na revista *Occult Review* (vol XXV), ou mesmo o brilhante artista plástico Austin Osman Spare, criador do Zos Kia Cultus, que foi iniciado pela senhora Paterson, uma americana que alega ser descendente das bruxas de Salen.

Gerald Gardner recebeu inúmeras críticas, e seu carácter foi colocado em dúvida. É sempre bom lembrar que na época de Gardner a teoria de Murray era aceita e oficial, tanto é assim que o verbete da enciclopédia britânica sobre bruxaria era dela.

A bruxaria, após seu renascimento efetivo, nas mãos de Gardner, se multifacetou em várias tradições. Cada uma delas ao seu modo tenta resgatar (em verdade recriar) os mistérios antigos. Algumas tradições mais sérias, outras nem tanto, mas, sem dúvida, um movimento de vital importância no resgate do feminino (o papel da mulher na religião), da natureza e de uma visão mais holística do Cosmos.

Bons ventos trazem estas novas (e antigas) tradições. O criador da wicca, seja Gardner ou Crowley, estaria feliz em muitos pontos com o resultado. E devemos muito a eles. Por mais que muitos se digam hereditários, não teríamos a liberdade e o entendimento, fruto do trabalho dos dois.

Marcos Torrigo

Introdução

Neste livro, o dr. Gardner afirma ter encontrado em várias partes da Inglaterra grupos de pessoas que ainda praticam os mesmos ritos das chamadas "bruxas" da Idade Média; declara também que os ritos são uma verdadeira sobrevivência e não um mero renascimento copiado de livros. Em seu estilo simples e agradável, ele dá um esboço de práticas similares nas antigas Grécia e Roma; suas experiências pessoais no Extremo Oriente o habilitam a mostrar que há muitas pessoas, no Oriente ou na Grã-Bretanha, que ainda realizam atos de culto ao Doador de Vida Todo-Poderoso, de acordo com o antigo ritual. Embora o ritual da Europa esteja agora em conformidade com a civilização moderna, o sentimento que une os primitivos aos civilizados é o mesmo: gratidão ao Criador e esperança na continuação de Sua bondade.

O culto pessoal pode tomar qualquer forma, mas um grupo de pessoas cultuando juntas sempre demanda algum tipo de ritual, especialmente quando o culto é sob forma de dança. A dança ritual, realizada como forma de culto ou como expressão de uma prece, é caracterizada pela ação rítmica. A dança-prece serve usualmente para pedir a multiplicação do alimento e imita de forma estilizada os movimentos dos animais ou o crescimento das plantas cujo incremento é desejado. A dança-culto é ainda mais rítmica que a prece. Todos os movimentos são rítmicos e o acompanhamento é um canto ou instrumentos de percussão que marcam fortemente o ritmo. Os movimentos rítmicos, os sons rítmicos e a sintonia de muitas pessoas, todas empenhadas nas mesmas ações, induzem um sentimento de euforia, que pode aumentar para uma espécie de arrebatamento. Esse estágio é frequentemente visto pelos adoradores como um favor divino especial, denotando o real advento da Deidade no corpo de um adorador. As bacantes da ardente Grécia induziam a intoxicação bebendo vinho e tornando-se assim uma só com seu Deus.

O dr. Gardner mostrou em seu livro o quanto a chamada "bruxaria" vem dos antigos rituais e nada tem a ver com lançar feitiços ou outras práticas maldosas, sendo a sincera expressão do sentimento para com Deus, também expresso, mais decorosamente embora não com maior sinceridade, pela cristandade moderna nos cultos da Igreja. Mas as danças processionais das bacantes bêbadas, as cabriolas selvagens em torno do Santo Sepulcro como registradas por Maundrell no fim do século XVII, a dança saltitante das "bruxas" medievais, o solene *zikr* do camponês egípcio, os rodopios dos dervixes, tudo tem origem no desejo de estar "Mais próximo, meu Senhor, de Ti", e de mostrar por suas ações a intensa gratidão que os adoradores acham incapazes de exprimir com palavras.

Dra. Margaret Murray
Outrora Professora Assistente de Egiptologia
na University College, Londres

Capítulo I

Bruxaria Viva

Alguns livros sobre bruxaria – o autor teve permissão de escrever sobre bruxas – "visão de dentro" – iniciações primitivas afins à bruxaria – o poder das bruxas exsuda do corpo, a partir da nudez – a teoria do autor sobre um campo eletromagnético – certos ritos aumentam a clarividência – o autor refuta a visão do sr. Pennethorne Hughes de que a bruxaria é um culto ao mal – rituais das bruxas – bruxas não são pervertidas frustradas – sua crença de que seus ancestrais vêm do Oriente e o paraíso é ao Norte – cerimônia do renascimento do sol – o caldeirão da regeneração e a dança da roda – a natureza do círculo da bruxa para manter o poder – negação do uso de caveiras, etc. – bruxas nada têm a ver com a Missa Negra – a iniciação à bruxaria desenvolve certos poderes conhecidos coletivamente como magia – "dentro do círculo elas estão entre os mundos" – necessidade de um parceiro.

Muitos livros foram escritos sobre bruxaria. Os primeiros foram, na maioria, propaganda escrita pelas Igrejas para desencorajar e assustar as pessoas que tivessem conexão com o que para eles era um odiado rival – pois a bruxaria é uma religião. Mais tarde, apareceram livros empenhados em provar que esses ritos jamais existiram. Alguns desses livros podem ter sido inspirados ou mesmo escritos pelas próprias bruxas. Depois, muitos livros trataram da bruxaria de maneira científica, com autores como a Dra. Margaret Murray, R. Trevor Davis, Christine Hoyle, Arne Runeberg, Pennethorne Hughes e Montague Summers. O Sr. Hughes, em seu livro mais pesquisado, provou claramente (em minha opinião) o que muitas pessoas já sabiam: que o Povo Miúdo dos lugares quentes, chamados fadas ou elfos em uma época, foram chamados de bruxas mais tarde; mas, a meu ver, todos esses livros têm um erro. Embora seus autores soubessem que bruxas existem, nenhum deles consultou uma bruxa[1] sobre suas visões a

---

1. *Há tanto bruxas homens quanto mulheres, mas em inglês **(e em português – n. da T.)** uma bruxa é sempre chamada "ela", de forma que vou usar esse gênero – e o leitor deve entender como sendo tanto masculino como feminino.*

respeito da bruxaria. Afinal, a opinião de uma bruxa deveria ter algum valor, mesmo se não se encaixasse nas opiniões preconcebidas.

É claro que há boas razões para essa reticência. Recentemente, conversava com um culto professor continental que escrevia sobre bruxas de dois mil anos atrás e ele me contou que obtivera muita informação das próprias bruxas. Mas, embora tivesse sido convidado, teve medo de comparecer a suas reuniões. O sentimento religioso era muito forte em seu país e, se descobrissem que ele se comunicara com bruxas, ele se arriscaria a perder sua cadeira. Além disso, as bruxas são um povo tímido, e publicidade é a última coisa que querem. Perguntei à primeira que conheci: "Por que você mantém secreto todo esse maravilhoso conhecimento? Hoje em dia não há mais perseguição". Ela me respondeu: "Não há? Se a aldeia soubesse o que sou, cada vez que uma galinha morresse, cada vez que uma criança adoecesse, eu seria a culpada. A bruxaria não paga as janelas quebradas!"[2]

Sou antropólogo e é consenso que o trabalho de um antropólogo é investigar o que as pessoas fazem e em que acreditam, e não o que outras pessoas dizem que elas fazem ou acreditam. Também é parte dessa tarefa ler tantos escritos sobre o assunto investigado quanto possível, embora sem aceitar tais escritos cegamente, especialmente quando são conflituosos com o que mostra a evidência. Os antropólogos devem esboçar suas próprias conclusões e fazer algumas teorias próprias, mas devem deixar claro que aquelas são suas próprias conclusões e teorias, e não fatos provados; e este é o método que proponho adotar. Quando se trata de raças nativas, é preciso gravar seu folclore, as histórias e ritos religiosos nos quais baseiam seu atos e crenças. Então por que não fazer o mesmo com as bruxas inglesas?

Devo explicar por que falo de coisas em geral desconhecidas. Fui por toda a minha vida interessado em magia e assuntos afins, tendo feito uma coleção de instrumentos e encantamentos mágicos. Esses estudos me levaram aos espiritualistas e a outras sociedades, quando encontrei pessoas que diziam ter me conhecido em vidas passadas. Aqui devo dizer que, embora acredite em reencarnação assim como a maioria das pessoas do Oriente, não me lembro de nenhuma vida passada, embora tenha tido experiências curiosas. Eu gostaria de lembrar. De qualquer maneira, logo eu estava no círculo e prestei os juramentos usuais de silêncio que me obrigavam a não revelar nenhum dos segredos do culto. Mas, por ser um culto moribundo, sempre lastimei que todo aquele conhecimento devesse perder-se, de forma que me foi permitido escrever, como ficção, algo sobre a crença das bruxas na obra *High Magic's Aid*.[3] O presente volume tem o mesmo propósito, mas trata do assunto de maneira factual.

---

2. *Lembro-me de um garoto lendo nos jornais sobre uma mulher sendo lentamente queimada até a morte na Irlanda como bruxa. Para esse relato, veja* Folk-lore, *Vol. 6, 1895: "A queima da Bruxa em Clonmel".*
3. *Publicado por Michael Houghton, 49 Museum Street, Londres, W. C. 1.*

Muitas pessoas me perguntam como posso acreditar em magia. Se eu explicar o que acredito que seja a magia, dou um grande passo em direção à resposta. Minha opinião é que se trata simplesmente do uso de algumas faculdades extraordinárias. É fato reconhecido que tais faculdades existem. Os chamados meninos calculadores são famosos e muitas pessoas têm a capacidade de, sob transe hipnótico, calcular o tempo mais acuradamente. Enquanto dormem, recebem ordens de fazer algo ao fim de, digamos, um milhão de segundos; eles nem compreenderiam tal ordem em seu estado normal, mas seu inconsciente profundo faz os cálculos e ao fim do milionésimo segundo eles obedecem a ordem sem saber o porquê. Tente calcular um milhão de segundos no estado de vigília e diga quando eles se tiverem passado, sem um relógio, para saber o que isso significa. Os poderes usados são completamente diferentes de qualquer poder mental que conheçamos. Exercitá-los é, normalmente, impossível. Logo, se há pessoas com poderes além do normal, por que não poderiam haver outras pessoas com outras formas de poderes extraordinários e modos não usuais de induzi-los?

Continuamente me perguntam sobre o culto das bruxas e apenas posso responder: quase todos os povos primitivos tinham cerimônias de iniciação e algumas dessas eram iniciações a sacerdócios, a poderes mágicos, sociedades secretas e mistérios. Eles eram usualmente vistos como necessários para o bem-estar da tribo, assim como para o indivíduo. Incluíam normalmente a purificação e alguns testes de coragem e força – frequentemente severos e dolorosos –, aterrorização, instrução em sabedoria tribal, em conhecimento sexual, na realização de encantamentos e em assuntos gerais ligados à magia e à religião e, frequentemente, a um ritual de morte e ressurreição.

Eu não questiono os povos primitivos por fazer essas coisas; simplesmente sustento que as bruxas, sendo em muitos casos as descendentes dos povos primitivos, fazem de fato muitas delas. Logo, quando as pessoas me perguntam, por exemplo: "Por que você diz que as bruxas trabalham nuas?", eu apenas posso dizer: "Porque elas o fazem". "Por quê?" é a questão seguinte e a resposta, simples, é que os rituais dizem a elas que é necessário. Outra resposta é que suas práticas são remanescentes de uma religião da Idade da Pedra e elas mantêm os antigos costumes. Há também a explicação da Igreja: "Porque bruxas são inerentemente más". Mas eu acredito que a melhor explicação é a das próprias bruxas: "Porque apenas dessa forma podemos obter poder".

As bruxas acreditam que o poder reside no interior de seus corpos e elas podem libertá-lo de diversas maneiras, sendo que a mais simples é dançar em roda, cantando ou gritando, para induzir um frenesi; esse poder que elas creem exsudar de seus corpos seria retido pelas roupas. Tratando de tais assuntos fica difícil, é claro, dizer o que é verdade e o que é imaginação.

No caso da rabdomancia, se um homem acredita que quando é isolado do chão por palmilhas de borracha não pode encontrar água, essa crença o inibe, mesmo se as palmilhas não contêm borracha, enquanto que se vestir palmilhas de borracha – embora não o sabendo – ele pode encontrar água, como muitos experimentos provam.

É fácil imaginar que uma bruxa que acredita firmemente ser essencial estar nua não poderia empreender o esforço necessário para atingir o êxtase sem estar nua. Porém, uma outra que não compartilhasse dessa crença poderia, mesmo estando parcialmente vestida, empregar suficiente energia para forçar o poder por seu rosto, ombros, braços e pernas, obtendo algum resultado; mas quem poderia garantir que ela não estaria produzindo duas vezes aquele poder com metade do esforço se estivesse na nudez tradicional? Apenas podemos ter certeza de que nos tempos antigos as bruxas faziam dessa forma e mesmo viajavam até seus encontros nesse traje; mas em tempos mais recentes a Igreja, e mais especialmente os Puritanos, tentaram silenciar esse fato e inventaram a história da velha louca em uma vassoura, para substituir a história conhecida de danças selvagens de jovens e belas bruxas sob a luz da lua.

Pessoalmente, inclino-me a acreditar que, embora dando margem à imaginação, há algo de certo na crença das bruxas. Penso que há na natureza um campo eletromagnético que rodeia todos os corpos vivos, que algumas pessoas veem e a que chamamos aura. Algumas vezes eu mesmo a posso ver, mas apenas em carne nua, de modo que as roupas evidentemente obstruem seu curso; porém, essa é simplesmente minha crença pessoal. Acredito que uma bruxa, com suas fórmulas, a estimula, ou possivelmente a aumenta. Dizem que bruxas, com prática constante, podem treinar suas vontades para potencializar essa força nervosa, ou o que quer que seja, e que suas vontades unidas podem projetá-la como uma irradiação de força e que elas podem usar de outras técnicas para adquirir a clarividência, ou mesmo para alcançar o corpo astral. Essas práticas incluem aumentar e acelerar o fluxo de sangue, ou em outros casos desacelerá-lo, assim como o uso da vontade-poder; então é razoável acreditar que produza algum efeito. Não estou afirmando que produz. Apenas registro o fato de que elas buscam tais efeitos e acreditam que algumas vezes eles ocorrem. O único modo de provar a verdade ou falsidade disso seria experimentando (eu poderia pensar que tangas ou biquínis poderiam ser usados sem necessariamente causarem perda de poder. Seria interessante testar o efeito de um grupo na tradicional nudez e um outro de biquíni). Ao mesmo tempo, poder-se-ia citar o ditado das bruxas: "Você deve estar dessa forma sempre de acordo com os ritos, este é o comando da deusa". Você deve fazê-lo de modo que se torne uma segunda natureza; você não está mais nu, apenas natural e confortável.

O culto, seja na Inglaterra ou em qualquer outra parte, começa com diversas vantagens. Primeiro, usualmente as recrutas são muito jovens, sendo lentamente treinadas até terem o senso do mistério e do fantástico, o conhecimento de que têm uma tradição de eras por trás delas. Elas provavelmente viram acontecer coisas e sabem que elas podem voltar a acontecer; em vez de mera curiosidade ou de crença piedosa de que "algo pode ocorrer", inibidas por um desconhecimento, mas uma firme crença de que "nunca acontecerá comigo".

O que ocorreu, então, foi isto: certas pessoas nasciam com poderes de clarividência. Elas descobriam que certos ritos e processos desenvolveriam tais poderes, de forma que eles se tornariam úteis à comunidade. Elas cumpriam esses ritos e obtinham benefícios; sendo felizes e tendo sucesso, eram olhadas com inveja e antipatia pelos outros, tendo começado a cumprir seus ritos em segredo. O poder que pode ser usado para o bem pode também ser usado para o mal, e algumas vezes elas eram tentadas a usá-lo contra seus oponentes, o que as tornou mais impopulares. Como resultado, calamidades eram atribuídas a elas e pessoas eram torturadas até confessarem tê-las cometido. E quem poderia culpar os filhos de alguns desses que foram torturados até a morte por fazer uma imagem de cera de seus opressores?

Em resumo, tal é a verdade sobre a bruxaria. Nos dias vitorianos ela seria chocante, mas, nestes dias de clubes nudistas, seria tão terrível? Parece ser, para mim, uma espécie de festa de família na qual se tenta um experimento científico de acordo com as instruções de um livro.

Eu gostaria, agora, de tratar da visão, muito frequentemente sustentada, de que a bruxaria tem conexões com o demonismo. O próprio sr. Summers parece pensar que a questão está resolvida apenas porque a Igreja católica romana disse que o culto é diabólico, e o livro do sr. Pennethorne Hughes também dá a impressão de que a bruxaria seria um culto ao mal. O Sr. Hughes diz na página 128:

"Enquanto o culto declinava, alguma prática comum deve ter sido perdida, pois por volta do século XIX os praticantes caseiros do demonismo autoconsciente meramente conduziam a Missa Negra do catolicismo invertido. Na época dos julgamentos havia obviamente uma espécie de serviço formal bastante separado do *crescendo* da dança da fertilidade. Numa era católica, seria muito parecido com o conhecido esplendor das celebrações da própria Igreja, com velas, vestes e uma paródia de sacramento. Deveria ser conduzida por um sacerdote destituído, usando hóstias com o nome do diabo estampado em vez do de Jesus e o enlameamento do crucifixo – para insultar os cristãos e agradar ao Demônio. O próprio Demônio recebia orações e homenagens. Uma liturgia do diabo era repetida, havia um sermão zombeteiro e uma absolvição feita com a mão esquerda e uma cruz invertida."

Àqueles presentes nesses encontros, ele trata da seguinte maneira (página 131):

"Alguns eram, talvez, pessoas com perversões reprimidas e tinham vergonha ou orgulho culpado; alguns eram apenas membros de uma dinastia primitiva, já quase desaparecida, mas ainda seguindo os passos de seus pais, sabendo que a Igreja os desaprovava, mas encontrando nisso satisfação física e psicológica. Alguns eram extáticos. 'O Sabá', disse um deles, 'é o verdadeiro paraíso'."

O Sr. Hughes não diz por que ele pensa que eles teriam aberto mão de seus próprios ritos, que eram feitos com um propósito definido e produziam resultados definitivos, para simplesmente parodiar os de uma fé estranha. Presenciei diversos desses rituais e declaro que a maior parte do que ele diz não é verdadeiro. Pode haver uma dança da fertilidade, mas os outros ritos são simples e têm um propósito, e de nenhuma maneira se parecem com os da católica romana ou qualquer outra Igreja que eu conheça. É verdade que às vezes há cerimônias curtas em que bolos e vinho são abençoados e comidos (elas dizem que, nos antigos tempos, hidromel e cerveja eram frequentemente usados). Pode até ser uma imitação do ágape cristão primitivo, a Festa do Amor, mas não há nenhuma sugestão de que o bolo se torne carne ou sangue. A intenção da cerimônia é ser um curto repasto, embora seja definitivamente religioso.

As sacerdotisas usualmente presidem. Velas são usadas, uma para ler o livro e outras em torno do círculo. De forma alguma isso se parece com a prática de qualquer seita religiosa que eu conheça. Não acho que possa ser chamado "imitação do esplendor da Igreja".

Não há crucifixos, invertidos ou o que seja, não há sermões, zombaria e nenhuma absolvição ou hóstias, salvo o bolo e o vinho já mencionados. O incenso é usado, mas tem um propósito prático. Não há oração ou homenagem ao diabo, nem liturgia, ou mal, nem nada do tipo, nada é dito de trás para a frente e não há gestos com a mão esquerda; de fato, com a exceção de ser um serviço religioso e de todos os serviços religiosos serem semelhantes, os ritos não são de forma alguma imitação de nada que eu tenha visto. Não digo que nunca tenha havido demonistas. Apenas digo que, até onde conheço, as bruxas não fazem as coisas de que são acusadas e, conhecendo como conheço suas religiões e práticas, não penso que elas já as tenham feito.

Naturalmente, é impossível falar por todas. Já li que sacerdotes e clérigos foram condenados por todos os crimes que há na lei inglesa, e na Ilha de Man sacerdotes foram condenados por ter cantado salmos de destruição contra povos (ver *Isle of Man N. M. & A. Soc. Proceedings*, vol. V, 1946), o que, ao menos para mim, é um novo crime; mas isso não significa que a maioria dos sacerdotes e clérigos sejam criminosos. Também não penso que seja justo acusar as bruxas de pervertidas enrustidas. Elas podem ser chamadas de seguidoras de uma religião primitiva, já em vias de desaparecimento; elas seguem os passos de seus pais, sabendo que a Igreja desaprova suas práticas, mas encontrando nisso satisfação física e psicológica. Não se pode dizer o mesmo dos budistas e xintoístas? Eles têm antigos e, para eles, bons ritos e não se preocupam se os outros os desaprovam. Tudo o que importa é: estão no bom caminho? Aprendi a tolerância nos muitos anos que passei no Oriente e, se alguém acha que o verdadeiro paraíso está nos ritos budistas, no Sabá ou na Missa, fico contente por ele da mesma forma.

Se me fosse permitido revelar todos os seus rituais, seria fácil provar que as bruxas não são demonistas; mas os juramentos são solenes e as bruxas são minhas amigas. Eu não gostaria de ferir seus sentimentos. Elas têm segredos que lhes são sagrados. Têm grandes razões para seu silêncio. Porém, tenho permissão para fazer um resumo de seus ritos. Isso pouco diz, pois além dos ritos elas próprias pouco conhecem. Por uma razão qualquer, elas mantêm o nome de seu deus ou deusa em segredo. Para elas, o culto existiu imutável desde o princípio dos tempos, embora haja uma vaga noção de que o antigo povo veio do Oriente, possivelmente como resultado da crença cristã de que o Leste é o lugar sagrado de onde tudo nasceu. Deve-se notar que as bruxas começam pelo Leste a formar o círculo, e a imagem do deus ou deusa é usualmente posta a leste. Pode ser simplesmente porque o Sol e a Lua nascem no Leste, por causa da posição do altar ou por qualquer razão desconhecida, uma vez que na verdade as invocações principais são dirigidas ao Norte. Não me foi dada nenhuma razão para isso; mas tenho ideia de que nos tempos antigos acreditava-se que o paraíso era no Norte, sendo que elas afirmam que as Luzes do Norte são as luzes de seu paraíso, embora comumente se pense que ele é sob a terra ou em uma colina oca. Deve-se notar, também, que a mitologia escandinava faz do Norte a morada dos deuses e que no mito gaélico o Sul, frequentemente camuflado como a "Espanha", é o mal ou o inferno. Presumivelmente, seu oposto, o Norte, é o paraíso.

Assisti a uma cerimônia muito interessante: o Caldeirão da Regeneração e a Dança da Roda, ou Yule, para fazer com que o sol renasça, ou com que o verão retorne. Em tese, deveria acontecer em 22 de dezembro, mas hoje em dia é realizada na data mais próxima em que seja conveniente para todos os membros. A cerimônia começa da maneira usual. O círculo é construído e purificado, sendo também os celebrantes purificados da maneira usual e os procedimentos normais do culto são cumpridos. Então a pequena cerimônia é realizada (geralmente chamada "Atraindo a Lua"). A grande sacerdotisa é vista como uma encarnação da deusa. Segue-se a cerimônia do Bolo e do Vinho. Então um caldeirão (ou algo que o represente) é posto no meio do círculo, cheio de aguardente, e inflamado. Várias ervas, etc., são adicionadas. Então as sacerdotisas ficam perto dele, na posição de pentágono (deusa). A Grande sacerdotisa fica de pé no lado oposto do caldeirão, liderando o canto. As outras formam um círculo, segurando suas tochas. Estas foram acesas no caldeirão em chamas e elas dançam em torno na direção "solar", ou seja, no sentido horário. O canto que ouvi foi o seguinte, embora outros sejam também usados:

"Rainha da Lua, Rainha do Sol
Rainha dos Céus, Rainha das Estrelas
Rainha das Águas, Rainha da Terra
Traga a nós o Filho da Promessa![4]

---

4. *O sol, tido como renascido.*

É a grande mãe que o dá à luz
É o Senhor da Vida que renasceu
A escuridão e as lágrimas são deixadas de lado
Quando o Sol aparece de manhã

Sol Dourado das Montanhas
Ilumina a Terra, Acende o Mundo,
Ilumina os Mares e os Rios
As tristezas são deixadas de lado, alegria no Mundo

Abençoada seja a Grande Deusa
Sem princípio, sem fim
Infinita pela eternidade
I.O.EVO.HE seja abençoado."

Elas dançam em roda furiosamente, gritando:

"I.O.EVO.HE
Abençoado seja I.O.EVO.HE seja abençoado".

Algumas vezes os pares se dão as mãos e pulam sobre o caldeirão em chamas, como pude ver. Quando o fogo se extingue, a sacerdotisa comanda as danças usuais. Segue-se a isso uma festa.

Haverá algo muito mau ou terrível nisso? Se fosse realizado em uma Igreja, omitindo-se a palavra deusa ou substituindo-a pelo nome de um santo, alguém faria objeções?

Estou proibido de falar de outros ritos por serem definitivamente mágicos, embora eles não façam mais mal do que este. Mas elas não querem que se saiba como fazem para aumentar seu poder. As danças que se seguem parecem mais brincadeiras de criança do que danças modernas – podem ser tempestuosas e barulhentas, com muito riso. Na verdade, *são* mais ou menos brincadeiras de crianças realizadas por gente crescida e, como brincadeiras, têm uma história ou são feitas para um propósito muito mais definido do que simples diversão.

Tenho permissão também para dizer pela primeira vez na imprensa a verdadeira razão de a coisa mais importante na cerimônia ser o "Arranjo do Círculo". Elas dizem que o círculo está "entre os mundos", ou seja, entre este mundo e o próximo, o domínio dos deuses.

O círculo tal qual é mostrado em pinturas pode ou não ser usado. Não é conveniente marcá-lo com giz, tinta ou nada assim, para mostrar onde está; mas marcas no tapete podem ser utilizadas. Os móveis podem ser dispostos de forma a marcar as bordas. O único círculo que importa é o que é desenhado antes de cada cerimônia com uma espada mágica afiada ou uma faca, conhecida como o Athame das bruxas ou a Faca de Punho Negro, que possui sinais de magia no cabo e é a mais usada. O círculo tem geralmente nove pés de diâmetro, a não ser que seja feito com um propósito muito especial. Há dois círculos externos, separados em seis polegadas, de forma que o terceiro círculo tenha o diâmetro de onze pés. Após desenhado, esse círculo é cuidadosamente purificado, assim como todos os que celebrarão o rito. As bruxas dão grande importância a isso, uma vez que dentro do círculo está o domínio dos deuses.

É necessário que haja uma distinção clara entre este e o trabalho de um mago ou feiticeiro, que desenha um círculo no chão e o fortifica com palavras carregadas de poder e invocações (ou tentativas de evocar) de espíritos e demônios para obedecer a suas ordens. Nesse caso, o círculo impede que eles lhe possam fazer mal; ele não ousaria sair dali.

O Círculo das Bruxas, por outro lado, é para *manter* o poder que elas acreditam fazer crescer de seus próprios corpos e para evitar que ele seja dissipado antes que elas possam moldá-lo à sua vontade. Elas podem pisar fora ou dentro se o desejarem, mas isso envolve alguma perda de poder, de forma que elas evitam fazê-lo tanto quanto possível.

As pessoas tentam fazer-me dizer que, nos ritos, caveiras ou outras coisas repulsivas são usadas. Eu nunca vi tais coisas, mas elas me contaram que nos tempos antigos, às vezes, quando o Grande Sacerdote não estava presente, uma caveira e ossos cruzados eram usados para representar o deus, morte e ressurreição (ou reencarnação). Em nossos dias, a Grande Sacerdotisa está em posição de representar a caveira com os ossos cruzados, ou morte, e se move para outra posição, o pentágono, representando a ressurreição, durante o rito. Suponho que o tipo de bruxa herbalista da aldeia antiga possa ter usado caveiras e ossos e outras coisas para impressionar o povo, já que isso era esperado delas. Elas eram boas psicólogas e, se um paciente fosse convencido de que um remédio amargo seria bom para ele, a mistura da bruxa certamente teria um gosto horrível – e consequentemente curaria. Se as pessoas acreditassem piamente que mambo-jambo com caveiras e ossos davam à bruxa poder para curar ou matar, então as caveiras e os ossos estariam ali, já que as bruxas eram provocadoras; aquilo fazia parte de seu repertório.

Diz-se frequentemente que a realização da Missa Negra é parte da tradição da bruxaria; mas, para usar as palavras do Dr. Joad, "tudo depende do que se quer dizer" com Missa Negra. No meu entender, é uma paródia blasfema da missa católica. Nunca vi nem ouvi falar disso como tendo relação com o culto e não acredito que esse já tenha sido um de seus ritos. Os ritos são realizados com certos propósitos. Isso leva tempo, mas quando terminados a assembleia faz uma pequena refeição, depois dançam e se divertem. Eles não têm tempo ou inclinação para cair na blasfêmia. Alguém já ouviu falar em pessoas se incomodando para realizar uma paródia de um rito budista ou maometano?

Outra coisa que sempre entendi foi que, para realizar uma Missa Negra, seria necessário um sacerdote católico que realizasse uma transubstanciação válida: o Deus presente na hóstia seria profanado. A menos que fosse uma comunhão válida, não haveria profanação. Eu me surpreenderia por encontrar um padre católico entre as bruxas em nossos dias, embora no passado se dissesse que muitos tomavam parte nos cultos. Sugeriu-se que as bruxas não realizavam a Missa Negra, mas que as pessoas se tornavam bruxas obtendo hóstias, seja roubando o sacramento das igrejas ou recebendo a comunhão, mantendo-a debaixo da língua e por fim guardando-a no bolso; assim elas eram levadas aos ritos e profanadas. Durante toda a minha vida, ocorreram problemas por sacerdotes e missionários terem destruído ou profanado figuras de deuses bárbaros e também creio que alguns homens de Igreja não conformistas obtiveram hóstias consagradas e as levaram ao ridículo. Mas eu nunca ouvi falar que isso os fizesse bruxos, e não creio que bruxas o fizessem ou façam. Por outro lado, houve diversas ocorrências de hóstias consagradas sendo usadas de maneira não ortodoxa por pessoas do povo que não eram bruxas; para acabar com incêndios ou erupções vulcânicas, por exemplo, ou para pendurar no pescoço como amuleto, para trazer a boa fortuna, afastar o mal e, especialmente, impedir ataques de vampiros; mas tudo isso foi feito por crentes. Uma bruxa não faria tais coisas, uma vez que acredita poder fabricar amuletos muito mais poderosos sozinha.

Acredito, porém, que algumas vezes a Missa Negra é realizada. Eu costumava duvidar disso; mas, em fevereiro de 1952, eu estava em Roma e me disseram que padres e freiras destituídos a celebravam de tempos em tempos. Meus informantes garantiram poder arranjar tudo para que eu assistisse a uma delas, mas me custaria vinte libras; eu não tinha dinheiro estrangeiro suficiente ou teria comparecido, para resolver essa questão para minha própria satisfação. Imagino que fosse provavelmente um espetáculo armado para turistas, embora a pessoa responsável houvesse me informado que não.

Resumindo, acredito que as pessoas podem realizar Missas Negras às vezes para fazer medo, ou com intenção má; mas não creio que essas pessoas sejam bruxas, ou que saibam algo sobre bruxaria. Por acaso, encontrei mais de uma bruxa em Roma, embora as bruxas se mantenham distantes, e elas nada sabiam sobre a Missa Negra.

Ser iniciada no culto das bruxas não dá a uma bruxa poderes sobrenaturais da forma como os vejo, mas são dadas instruções, em termos bastante velados, sobre processos para desenvolver diversas clarividências e outros poderes, naqueles que já os possuem naturalmente. Se eles nada têm, nada podem criar. Alguns desses poderes são afins ao magnetismo, mesmerismo e sugestão, e dependem da possibilidade de se formar uma espécie de bateria humana, combinando vontades humanas para influenciar pessoas ou acontecimentos a distância. Elas têm instruções sobre como aprender essas práticas. Seriam necessárias muitas pessoas por um longo tempo, se é que entendi bem. Se essas artes fossem mais difundidas e praticadas em nossos dias, poderíamos chamar à maioria delas espiritualismo, mesmerismo, sugestão, P. E. S., Ioga ou mesmo ciência cristã; para uma bruxa tudo isso é Magia, e a magia é a arte de obter resultados. Para tal, certos processos são necessários e os ritos são feitos de forma a empregar esses processos. Em outras palavras, você é condicionado a eles. Este é o segredo do culto.

Não digo que esses processos sejam o único modo de desenvolver o poder. Presumo que clarividentes profissionais, por exemplo, têm algum método de ensino ou treinamento para desenvolver o poder que possuem naturalmente. É possível que seu método seja superior ao da bruxaria; possivelmente, eles conhecem o sistema das bruxas e todo o ensinamento envolvido, mantendo-os como um segredo de profissão. As bruxas também creem que, de um modo misterioso, "dentro do círculo elas estão entre os mundos" (este mundo e o próximo) e que "o que acontece entre os mundos nada tem a ver com este mundo". Para formar sua bateria de vontades, inteligências masculinas e femininas são necessárias em pares. Na prática, são comumente marido e mulher, mas há jovens que fazem ligações que frequentemente acabam em casamento. Há também, claro, pessoas solteiras, ou alguns cujos consortes respectivos não são, por alguma razão qualquer, membros do culto. Ouvi de alguns puristas convictos que nenhum homem ou nenhuma mulher casada deveria pertencer, ou assistir, a nenhum clube ou sociedade à qual seus respectivos parceiros não pertencessem; mas tais visões estreitas não são parte da bruxaria.

A bruxaria não foi, e não é, um culto para todos. A não ser que você tenha uma atração para o oculto, um senso de fantástico, um sentimento de que você pode escorregar por alguns minutos deste mundo para o outro mundo de encantamento, ela não terá uso para você. Com ela você pode obter paz, acalmar os nervos e diversos outros benefícios, apenas com o companheirismo, mas para obter os efeitos mais fundamentais você deve tentar desenvolver qualquer poder oculto que possa ter. Mas é inútil tentar desenvolver tais poderes, a não ser que você tenha tempo e um parceiro adequado, não sendo apropriado chamar sua tia solteirona, mesmo se ela for romântica; pois bruxas, para ser realista, têm poucas inibições e se quiserem produzir certos efeitos elas o fazem de maneira simples. Embora a maior parte de suas atividades seja para o bem, ou ao menos não tenham nada de mau, certos aspectos dão à Igreja da Inglaterra e aos puritanos a chance de acusá-las de toda espécie de imoralidades, culto ao Diabo e canibalismo, como já mostrei. A tortura às vezes fez com que algumas pobres coitadas confessassem tais impossibilidades, para induzir o questionador a permanecer longe da verdade. O fato de seu Deus ter chifres fez com que o povo o confundisse com o Diabo. O fato de que as bruxas fossem frequentemente pessoas de alguma posse que merecesse ser roubada deu o incentivo; a tortura e os ferros em brasa fizeram o resto. O temor cristão e o fogo cristão prevaleceram. Os poucos membros remanescentes do culto retiraram-se e continuam em segredo desde então. Estão felizes praticando seus adoráveis antigos ritos. Eles não querem converter: converter significa falar: falar significa aborrecimento e semiperseguição. Tudo o que desejam é paz.

Capítulo II

Houve Bruxas em Todas as Eras

Poderes largamente hereditários – seu uso na Idade da Pedra – o mito da Grande Mãe – o desejo de renascer do homem primitivo é também o das bruxas – paraíso especial para adoradores – bruxaria no Antigo e no Novo Testamentos – bruxas em diversos lugares e eras – papado e sacerdócio tratam a bruxaria como rival, como maniqueus e cataristas, valdenses e albigenses – identificação dos pagãos com bruxas e heréticos – a verdade sobre as vassouras – os tempos da perseguição; Matthew Hopkins e suas vítimas – uma era de bronze da bruxaria na Dinamarca – crenças druídicas – cultos bruxescos mexicanos com uma deusa nativa – encobrimento da bruxaria com o advento da cristandade – o povo miúdo: duendes, fadas ou uma raça primitiva?

Houve bruxas em todas as épocas e países. Ou seja, houve homens e mulheres que tiveram conhecimento sobre curas, filtros, encantos e poções do amor e, às vezes, venenos. Algumas vezes, acreditou-se que elas podiam afetar o clima, trazendo chuva ou seca. Por vezes foram odiadas, por vezes foram amadas; houve épocas em que foram altamente honradas, em outras, perseguidas. Elas diziam, ou faziam acreditar, estar em comunicação com o mundo dos espíritos, com os mortos, e algumas vezes com os deuses menores. Geralmente se pensava que seus poderes eram hereditários ou que o ofício podia ser exercido por famílias. As pessoas acorriam a elas sempre que necessitavam de curas, boas colheitas, boa pesca ou qualquer que fosse sua necessidade. Elas eram, de fato, as sacerdotisas ou representantes dos deuses menores, que, por serem menores, se preocupariam em ouvir os problemas do povo. Geralmente pensa-se nelas como dançarinas selvagens, "com poucas inibições".

Na Idade da Pedra, o que o homem queria principalmente eram boas colheitas, boa caça, boa pesca, aumento de rebanhos e manadas e muitos filhos para fortalecer a tribo. Tornou-se tarefa das bruxas realizar ritos para obter essas coisas. Era provavelmente uma era matriarcal, quando o homem caçava e a mulher ficava em casa praticando a medicina e a magia. Historicamente, o período matriarcal foi datado aproximadamente da metade do nono à metade do segundo milênio a.C., durante o qual cavernas, árvores, a lua e as estrelas eram provavelmente reverenciadas como emblemas femininos. Assim, o mito da Grande Mãe veio à luz e a mulher era sua sacerdotisa. Provavelmente na mesma época, o homem tinha um Deus caçador, que comandava os animais. Mais tarde talvez tenha vindo a ideia de uma vida futura e pensamentos de que o próximo mundo seria um lugar infeliz, a menos que fosse possível atingir a morada dos deuses, uma espécie de paraíso. Este era imaginado como um lugar de descanso e alívio, onde a pessoa rejuvenesceria novamente e estaria pronta para a reencarnação na terra.

O homem primitivo temia renascer fora de sua própria tribo, então suas orações rogavam a Deus que o fizessem nascer novamente no mesmo local e ao mesmo tempo que seus entes queridos, e que ele pudesse lembrar-se e amá-los novamente. O deus que governava esse paraíso seria, acho, a Morte, mas em alguns lugares ele é identificado com o deus da caça e usava seus chifres. Este deus da morte e da caça, ou seu representante, parece ter tomado a liderança do culto em uma época e o homem se tornou o mestre. Mas deve-se enfatizar que, por causa de sua beleza, doçura e bondade, o homem colocou a mulher, como deus colocando a deusa, no lugar principal, de forma que a mulher dominasse as práticas do culto.

Eis o que provavelmente aconteceu: havia uma religião tribal organizada, com um deus tribal masculino, e uma ordem de sacerdotisas e seus maridos que se preocupavam com a magia. O grande sacerdote do culto tribal dominava quando estava presente, mas em sua ausência a sacerdotisa comandava. Minhas bruxas falam dele como o deus da "Morte e o que está além": com isso elas não apenas estão falando da vida no próximo mundo, mas da ressurreição (ou reencarnação). Ele comanda não apenas uma espécie de terra das felizes caçadas, para onde pessoas comuns vão e se reúnem com pessoas com as quais têm afinidades; pode ser um lugar agradável ou desagradável, de acordo com a sua natureza. Conforme os seus méritos, você pode ser reencarnado no tempo e tentar sua sorte no lugar e com as pessoas em que tal ocorrer; mas o deus tem um paraíso especial para seus adoradores, que condicionaram seus corpos e sua natureza sobre a terra, que gozam de vantagens especiais e são preparados mais rapidamente para a reencarnação, que é dada pelo poder da deusa em circunstâncias que asseguram seu nascimento novamente em sua própria tribo. Isso é novamente trazido à baila em um círculo de bruxas. Pode parecer que envolve uma série infinita de reencarnações; mas me disseram que em algum tempo você se torna poderoso, também chamado de morto poderoso. Nada pude aprender sobre eles, mas me parecem uma espécie de semideuses – mas também poder-se-ia chamá-los de santos.

Mais tarde houve, talvez, outras razões para que as mulheres fossem dominantes nas práticas de culto, embora, como já foi dito, haja quase tantos homens quanto mulheres entre as bruxas. A Bíblia nos conta da pobre Bruxa de Endor, perseguida, trabalhando em segredo quando todas as outras bruxas haviam sido expulsas da terra. Também é relatada a história da feiticeira Huldah, que vivia no Estado de Jerusalém e era consultada pelo rei sobre pontos profundos da religião que o próprio Grande Sacerdote não podia responder. A consequência desafortunada da baixa posição da mulher durante a Idade Média, quando era contra a tradição geral da Igreja elevar e melhorar sua situação, ou pelo menos erguê-la ao que era nos tempos pré-cristãos, também deve ser lembrada. Assim, a Igreja vituperou contra Paracelso, quando ele escreveu um livro glorificando as mulheres, chamando-o um "adorador de mulher". Segundo Hughes:

"Isso significa que a maior parte das mulheres ressentia-se dessa subjugação, e uma religião secreta, na qual a mulher era importante e que fazia da atividade sexual um mistério de orgulho em vez de um trabalho penoso, foi nascendo. Essa religião serviu também como uma caverna de Adulão psicológica para mulheres emotivas, depressivas, masculinizadas e para aquelas sofrendo com desapontamentos pessoais, ou de desajustamento nervoso que não foi resolvido com os recursos locais da Igreja."

Os motivos individuais que persuadem uma pessoa a se tornar bruxa, além daquelas para quem a bruxaria era uma antiga religião, em geral são bastante complicados. Como em outros cultos, embora as práticas proporcionem repouso, paz e alegria para muitos, alguns de seus recrutas são apenas um empecilho e, como legiões de espiões devem ter tentado entrar apenas para traí-los, em um primeiro momento só eram admitidos ingressantes que tinham aquilo no sangue; ou seja, de uma família de bruxas. Os vários rituais de adoração, segredos do conhecimento das ervas e o grande segredo ao qual eles chamam magia foram tratados de forma que se tornaram quase uma sociedade familiar secreta.

Na Palestina e em outros países há dois tipos de bruxas: a herbalista ignorante e vendedora de amuletos, e a bruxa descendente de uma linhagem de sacerdotes e sacerdotisas de uma religião antiga e provavelmente da Idade da Pedra, que fora iniciada de uma certa maneira (recebida no círculo) e tornou-se receptora de um certo conhecimento antigo.

Houve épocas em que a Igreja ignorava a bruxa, mas, quando o papado se enraizou, os sacerdotes trataram o culto como um odioso rival e tentaram levá-lo à extinção. Os puritanos também empreenderam esse trabalho e, entre eles, praticamente tiveram sucesso.

Do século XI em diante a Igreja teve diversos rivais perigosos. As doutrinas maniqueístas estavam espalhadas na Europa meridional; havia diferentes seitas, mas elas conviviam pacificamente lado a lado. Havia também semelhanças com os cataristas. Eles tinham seus próprios bispos e diáconos e grande reverência por seus "Perfeitos" – iniciados que eram vistos como quase divinos. Prostavam-se ante eles, dizendo "Benedicte". Os Perfeitos também se adoravam entre si, embora sua adoração não fosse dirigida a eles próprios, mas ao Espírito Santo que descera entre eles. A Igreja fazia com que os cataristas acreditassem que eles poderiam livremente entregar-se a todos os tipos de prazer e boemia até terem entrado no círculo dos Perfeitos; que suas almas passariam de uma criatura para outra (reencarnação) até que se tornassem Perfeitos e então ascendessem ao céu com a morte. Eles também eram encarregados de persuadir as pessoas a não dar dinheiro para a Igreja.

Havia seitas similares conhecidas como valdenses e albigenses. Sabemos praticamente apenas aquilo que a Igreja nos conta sobre eles e ela os ataca a todos, com a bruxaria no meio. Organizaram-se cruzadas, enormes massas humanas foram massacradas, as seitas desapareceram na subversão e a perseguição estendeu-se aos pagãos, o Povo das Matas, que ainda praticava a antiga religião. Aparentemente, dizia-se que todos os pagãos eram heréticos e bruxas, e que todas as bruxas eram automaticamente heréticas.

Como parte dessa campanha, toda espécie de falsas ideias foi difundida, até que a noção popular de bruxa tornou-se a da definição comum: "uma bruxa é uma velha que voa em uma vassoura". Mas nenhuma bruxa jamais voou em uma vassoura nem nada parecido, pelo menos até que o avião fosse inventado. Porém, há um encantamento de fertilidade para trazer boas colheitas que é praticado montando-se num bastão, vassoura ou cavalo de pau. Sem dúvida, as antigas bruxas praticaram esse rito, pulando alto para fazer com que a plantação crescesse. Nos primeiros julgamentos, testemunhas falavam ter visto a acusada montada em bastões, ou vassouras, correndo pelos campos (não pelo ar), e isso era frequentemente aceito como evidência de que elas estavam praticando a magia da fertilidade, que se tornou uma ofensa penal. No Museu de Castletown há um desses bastões de montar, sendo o topo esculpido em forma de falo para atrair a fertilidade.

Na Ilha de Man, em 1617, uma mulher foi vista tentando obter uma boa colheita dessa maneira. Ela foi julgada, condenada e queimada até a morte na praça do mercado. Havia evidência suficiente de que ela estava sozinha em sua tentativa de atrair a fertilidade, mas seu jovem filho foi queimado com ela, para que todos soubessem que as crianças eram iniciadas desde a mais tenra idade. Isso apenas mostra que a história da bruxa velha é mito. As crianças eram feitas bruxas já bem jovens; logo, as bruxas eram de todas as idades. Além disso, relatos de julgamentos incluem itens como este: "Condenadas e queimadas, duas bruxas, meninas de dezesseis anos, ambas jovens e deploravelmente bonitas".

Quando praticamente todas as bruxas estavam condenadas à marginalidade, estimava-se que cerca de nove milhões de pessoas haviam sido torturadas até a morte durante a perseguição na Europa; qualquer velha que vivesse sozinha, que perturbasse ou fosse impopular, era passível de ser acusada, especialmente se tivesse uma mascote e falasse com ela, ou falasse sozinha, tal como muitas senhoras solitárias gostam de fazer. Tais acusações eram diversão para as massas, despojamento, espetadelas, mergulhos e assim por diante, assim como um bom pagamento para o caçador de bruxas profissional. Na Inglaterra, Matthew Hopkins fez disso um bom negócio. Ele capturava quem fosse impopular ao regime puritano e o torturava até lhe arrancar confissões; também apanhava qualquer velha impopular e fazia com que a executassem. Ele recebia uma libra por cabeça em todas as acusações; essa quantia representa consideravelmente mais em nossos dias. Havia muitos outros que faziam o mesmo. Espetadelas e mergulhos asseguravam uma acusação e os ofensores podiam ser torturados à vontade. Frequentemente eles confessavam, pois o enforcamento, ou mesmo um cozimento de meia hora, eram melhores que semanas de tortura contínua. Dessa maneira, a noção de bruxa velha tornou-se popular. Não é razoável que nenhuma dessas velhas fossem bruxas de verdade, ou seja, que tenham sido iniciadas no círculo; mas sem dúvida algumas delas conheciam velhas curas populares.

Voltando a um tempo muito mais antigo, Arne Runeberg nos conta sobre um túmulo de bruxa na Idade do Bronze encontrado na Dinamarca. Entre caras espadas e joias de ouro, esta maga tinha uma tigela de bronze contendo o seguinte. Adaptamos seu uso a nossos dias:

1. A garra de um lince. Usada hoje em dia como remédio e como amuleto.

2. Ossos de doninha. A pele da doninha ainda é usada como remédio contra todas as espécies de doenças em animais.

3. Vértebras de cobra. Pele de cobre pulverizada e juntas de cobra ainda são usadas em tratamento de animais doentes.

4. Dentes de cavalo, quebrados e feitos em pedacinhos. São usados hoje, postos em volta do pescoço das crianças para fazer com que seus dentes cresçam fortes.

5. Um galho de sabugueiro. Galhos de sabugueiro são usados hoje em dia em amuletos, etc.

6. Carvão de álamo. O carvão de um álamo aceso ainda hoje é um remédio de força especial.

7. A lâmina de uma faca de ferro e um fio de bronze. O aço tem uma grande força, especialmente em forma de lâmina.

8. Duas pederneiras. Toda espécie de olho gordo é curada acendendo-se fogo com piritas sobre a cabeça do paciente.

9. Diversas peças de ossos pequenos, seixos e argila.

Logo, pode-se notar que antigas ideias perduram por muito tempo. Essa bruxa da Idade do Bronze era evidentemente uma pessoa importante e as curas que usou são praticamente as mesmas que os encantamentos dinamarqueses de hoje, de forma que é provável que outros conhecimentos possam ter sobrevivido. As Sagas Escandinavas mostram semelhanças notáveis com as crenças das bruxas europeias de hoje, andando em bando, com o cabelo desgrenhado em ondas, enviando a alma para fora do corpo, mudando formas e muitas outras coisas. A religião dos antigos celtas era bem diferente da escandinava, mas os druidas eram sacerdotes, doutores e professores que causavam boas ou más colheitas, tornavam férteis as mulheres e os rebanhos, e provocavam um sono mágico (hipnótico).

As considerações, tanto de escritores latinos como de gaélicos, nos dão uma boa ideia da alta estima em que os nativos tinham seus druidas e tanto na Gália quanto na Irlanda acreditava-se que o culto se originara na Bretanha. Assim, eles enviavam para lá seus "estudantes de teologia" para aprender as doutrinas da fonte mais pura. Plínio, o velho, nos conta que a Bretanha "deve ter ensinado magia à Pérsia". Sabemos pouco sobre seus ensinamentos, mas eles acreditavam na reencarnação. César nos conta que eles tinham a seguinte crença: "As almas não são aniquiladas, mas passam após a morte de um corpo para outro... com esse ensinamento, os homens são encorajados ao valor, embora desconhecendo o medo da morte". Essa era a crença usual, já que o herói Cuchulainn foi apressado pelos homens do Ulster a se casar, uma vez que eles não queriam perder o maior guerreiro da tribo e sabiam que ele renasceria entre seus descendentes. O Livro de Dun Cow nos conta que o famoso Fin Mac Coul renasceu no Ulster na pessoa do rei Mongan, duzentos anos após sua morte.

Também havia uma classe de adivinhas chamadas Druidesas e mencionada por César em seu *De Bello Gallico*, que era vista como sendo ainda mais antiga que os druidas; elas podiam mudar de forma e parece que tinham todas as características das bruxas. Elas faziam chuva derramando água sobre ou perto de virgens nuas. Os cristãos as acusavam de "batizar" crianças no paganismo. Apenas se podia entrar em sua associação pela iniciação, aprendendo e praticando sua sabedoria secreta. Seu poder mágico era muito temido pelos primeiros cristãos, que o atribuíam ao Demônio.

Se apenas soubéssemos em que os druidas realmente acreditavam e o que ensinavam, se havia apenas uma forma de crença ou se eles tinham diversas seitas entre eles, seria muito mais fácil dizer o que tem ou não uma conexão com a bruxaria. As mais tardias podem ter sido puramente ortodoxas, embora de um tipo extremamente elevado ou ultrabaixo, a religião fantástica de diversas mulheres, uma heresia vil, ou simplesmente a religião das nativas com quem nenhuma pessoa decente tratava. É bastante possível que houvesse várias dessas coisas em diferentes épocas e diversas partes do país. Minha impressão é que isso era visto como a religião do povo pré-céltico, com seus próprios deuses, e os druidas achavam bom e certo que o povo pudesse ter e adorar seus próprios deuses. Mas pouco a pouco as ideias célticas se infiltraram. Penso que com o mito da deusa se deu o mesmo. Assim, uma deusa celta menor infiltrada por sua beleza e doçura trouxe grandes mudanças em um primitivo culto de caçadores. Esta é simplesmente uma teoria pessoal e dou essas opiniões porque não tenho permissão de relatar os ritos e orações nos quais as baseio. E, é claro, o inverso pode ter ocorrido; pode ter havido um culto céltico ortodoxo no qual práticas e crenças mais primitivas se infiltraram durante o colapso havido após a invasão romana e a introdução do cristianismo; devemos levar em conta os efeitos das religiões de mistério gregas e romanas. Após a invasão saxã houve provavelmente um influxo de cristãos romano-britânicos que entraram no culto das bruxas pensando que a invasão era uma punição por terem abandonado os antigos deuses, e que os deuses das bruxas eram os deuses verdadeiros com outros nomes.

Pode ser apenas coincidência que no México haja um culto de bruxas muito semelhante ao da Europa, que existiu desde os tempos pré-colombianos. Eles tinham uma deusa, ou rainha bruxa, sempre representada nua e trazendo uma vassoura (que representa limpeza ou pureza ritual no México). A bruxa europeia dava grande ênfase à limpeza e à pureza.

Em seus encontros, as mulheres sempre estavam despidas, mas traziam uma gravata ou uma capa curta (as bruxas europeias dão grande importância à gravata). No México, os homens usavam uma lapela de pele na frente e atrás, como as bruxas irlandesas, mas a removiam para certas cerimônias. Os índios não beijavam, mas davam uma carícia de boas-vindas. Eles usualmente trabalhavam em pequenos quartos, com pinturas nas paredes que confinavam o poder acumulado, assim como as bruxas usam o círculo para o mesmo fim.

Embora não seja impossível que haja algum cruzamento do Atlântico antes de Colombo, imagino que essa semelhança seja mais provável por produzir efeitos similares nos dois lados do mundo.

Pode parecer impossível a alguns que um culto tenha preservado sua identidade e ensinamentos por tanto tempo; deve-se lembrar ainda que não é apenas a lenda religiosa a ser preservada, mas também o rito, as condições e os efeitos produzidos. A religião pode mudar, a raça pode mudar, a linguagem pode mudar, mas a causa e o efeito permanecem, e é isso que tende a manter a lenda imutável.

Com o advento do cristianismo, a bruxaria teve de ser ocultada. Sob os saxões, ela continuou em comunidades marginais ou migrou para Wales, Cornualha e Bretanha. Diversos membros do culto, junto com remanescentes dos antigos habitantes, viveriam em lugares para os quais as raças conquistadoras não iriam. Após algumas gerações de alimento escasso, uma raça naturalmente pequena, provavelmente cruzada com os pictos e tribos pigmeias, tornar-se-ia ainda menor em comparação com os bem-alimentados saxões, e foi chamada de "Povo Miúdo", sendo que a palavra "pixie"* derivou-se de pictos. Essa raça selvagem – caçadores que deviam manter-se ocultos, conhecer a prática de alguns ritos mágicos, usar setas envenenadas – naturalmente tornar-se-ia odiada e temida. Um verso bem conhecido descreve a situação:

> Sobre a montanha pedregosa
> Abaixo no vale musguento
> Não ousamos ir caçar
> Por medo dos homenzinhos

Eles eram pessoas misteriosas, mas, embora não gostassem que outros entrassem em seus domínios, podiam ser bons amigos se a pessoa fosse gentil com eles e a ajudariam sempre que precisasse. Na Ilha de Man há a Ponte das Fadas, pela qual nenhum sulista passa sem saudar as fadas. Isso vem de uma época em que os nortistas repentinamente invadiram o Sul, expulsando os sulistas; estes fizeram um último e desesperado esforço de resistência sobre essa ponte, quando de repente nuvens de longas setas de zarabatana, revestidas de pedra, untadas de uma substância preta, vieram às costas dos invasores. Os nortistas as reconheceram; um arranhão significava a morte. O grito ecoou: "Fujam, os homenzinhos estão nos atacando!", e os invasores escaparam. Mais tarde, a história foi transformada em um conto de fadas para as crianças, por causa do amor do povo pelo maravilhoso; mas sem dúvida o fato realmente aconteceu.

Em Bornéu, há cerca de cinquenta anos, eu vi o terror surgir com um ataque similar de setas de zarabatana. Elas tinham o tamanho aproximado de agulhas de costura. Um arranhão causava a paralisia em cerca de trinta segundos; a morte vinha em poucos minutos. Nunca corri tão rápido em minha vida; mesmo assim, não pude alcançar os outros do grupo.

---

* N. do T.: Pixie = duendes, fadas.

Capítulo III

Crenças das Bruxas

O reino após a morte, onde há o alívio antes do renascimento – texto integral do Mito da Deusa – paralelos com outras crenças – a declaração lida antes da iniciação na comunidade das bruxas – a bruxaria não é anticristã – liderança com primazia feminina.

Acho difícil dizer exatamente em que a bruxa de nossos dias acredita. Conheço uma que vai à Igreja de vez em quando, embora ela seja apenas uma conformista ocasional. Acredita firmemente em reencarnação, assim como muitos cristãos. Não sei como ela ou eles reconciliam isso com os ensinamentos da Igreja. Mas, para começar, a crença em muitos paraísos diferentes, cada um com seu deus diferente, não é incomum. O deus do culto é o deus do próximo mundo, da morte e da ressurreição, ou da reencarnação, o consolador, o confortador. Após a vida, você vai alegremente a seu reino para o descanso e o alívio, tornando-se jovem e forte, esperando a época de renascer na terra de novo, e você pede a ele que mande de volta os espíritos de seus mortos queridos para que se regozijem com você em suas festas.

Torna-se claro que elas acreditam em algo desse tipo, por causa do mito da deusa que forma a parte central de um de seus rituais. É um tipo de espiritualismo primitivo.

Bruxas não têm livros de teologia, então para mim é difícil descobrir em que elas realmente acreditam. Com todos os milhares de livros escritos sobre a cristandade, ainda acho difícil definir as crenças cristãs. Transubstanciação, por exemplo. Por outro lado, é fácil fornecer a ideia central ou mito, que em minha opinião pode-se definir como uma história que afeta as ações das pessoas. Estritamente falando, nesse sentido o mito da cristandade está na crucifixão e na ressurreição, e poucos cristãos discordam disso. O mito da bruxaria parece ser a história da deusa aqui citada. Estou proibido de fornecer seu nome, então vou chamá-la G.

G. nunca amou, mas ela resolve todos os mistérios, mesmo o mistério da Morte, e assim ela viajou às terras baixas. Os guardiões dos portais a desafiaram. "Despe teus trajes, tira tuas joias, pois nada disso podes trazer contigo em nossa terra." Assim, ela pôs de lado seus trajes e suas joias e foi amarrada como o eram todos os que entravam nos reinos da Morte, a poderosa[5].

Tal era a sua beleza que a própria Morte se ajoelhou e beijou seus pés, dizendo: "Abençoados sejam esses pés que te trouxeram por estes caminhos. Permanece comigo, mas deixa-me pôr minha mão fria sobre teu coração". E ela respondeu: "Eu não te amo. Por que fazes com que todas as coisas que eu amo e que me alegram se apaguem e morram?" "Dama," respondeu a Morte, "isto é a idade e o destino, contra os quais não sou de nenhuma ajuda. A idade faz com que todas as coisas feneçam; mas, quando o homem morre ao fim de seu tempo, eu lhe dou descanso e paz e força para que ele possa retornar. Mas tu és adorável. Não retornes; permanece comigo." Mas ela respondeu: "Eu não te amo". Então a Morte disse: "Como não recebes minha mão em teu coração, receberás o açoite da Morte". "Esse é o destino, que seja cumprido," disse ela, ajoelhando-se. A Morte açoitou-a e ela gritou: "Conheço os sofrimentos do amor". E a Morte disse: "Abençoada sejas" e lhe deu o beijo quíntuplo, dizendo: "Que possas atingir a felicidade e o conhecimento".

E ela lhe contou todos os mistérios e eles se amaram e se tornaram um; e ela lhe ensinou todas as magias. Por isso, há três grandes eventos na vida do homem – amor, morte e ressurreição no novo corpo – e a magia os controla a todos. Para realizar o amor, você deve retornar na mesma época e lugar que os entes amados e deve lembrar-se e amá-lo ou amá-la novamente. Mas, para renascer, você deve morrer e ficar pronto para um novo corpo; para morrer, você deve ter nascido; sem amor você não pode nascer e eis toda a magia.

Esse mito sobre os quais os membros baseiam suas ações é a ideia central do culto. Talvez seja trabalhoso explicar ideias e rituais já concebidos e explicar por que o deus mais sábio, mais velho e poderoso deveria dar seu poder à deusa por intermédio da magia. É muito fácil dizer que é apenas a história de Ishtar descendo aos infernos, mas o ponto principal da

---

5. Havia um costume céltico de amarrar cadáveres; a corda com a qual um deles fora amarrado era de grande valia na obtenção da segunda visão. Mas no Mundo Antigo parece ter sido difundida a ideia de que uma pessoa viva deve ser amarrada para chegar à presença dos Senhores da Morte. Tácito, em Germânia XXIX, *fala de bosques sagrados onde homens se juntam para obter augúrios ancestrais, para entrar nesses domínios sagrado dos Senhores da Morte. "Todos são atados com correntes para mostrar que estão em poder da Divindade e, se lhes acontecesse cair, não tinham ajuda para levantar. Deitados como estão, devem rolar pelo caminho da melhor forma possível." Isso mostra que eles eram amarrados bem forte, de forma que não podiam erguer-se; logo, é claro que não era uma amarração "simbólica". Luciano, em sua obra* Vera Historia, *que, embora seja um romance, trata de crenças populares, fala de pessoas vivas desembarcando na Ilha dos Abençoados, sendo instantaneamente atados com correntes e levados à presença do Rei dos Mortos.*

A ideia de pessoas vivas, ou recém-mortos, sendo amarrados com correntes logo que chegam à terra dos mortos pode ser, em minha opinião, a origem da ideia de fantasmas arrastando correntes; mesmo no Limbo eles permaneceriam amarrados.

história é outro. Pode-se dizer também que é simplesmente Shiva, o deus da Morte e da Ressurreição; mas novamente a história é diferente. É bastante possível que as histórias de Ishtar e Shiva tenham influenciado o mito, mas acho que sua origem é mais provavelmente céltica. Nas lendas célticas, os Senhores do Submundo preparavam a pessoa para o renascimento; dizia-se que muitos vivos haviam entrado em suas regiões, formado alianças com eles e retornado em segurança, mas era preciso grande coragem; apenas um herói ou um semideus se arriscaria desse modo. Os mistérios célticos certamente continham rituais de morte e ressurreição e possivelmente visitas ao submundo com um retorno em segurança. Acho que o purgatório de São Patrício em Lough Derg é uma versão cristianizada dessa lenda.

O homem primitivo temia a ideia de renascer em outra tribo, entre estranhos, de forma que rezava e realizava ritos para se assegurar de que nasceria novamente na mesma época e no mesmo lugar que seus amados, que o conheceriam e o amariam em sua nova vida. A deusa do culto das bruxas é obviamente a Grande Mãe, a que dá a vida, o amor encarnado. Ela comanda a primavera, o prazer, a festa e todos os deleites. Mais tarde, ela foi identificada com outras deusas e tinha uma especial afinidade com a lua.

Antes de uma iniciação, lê-se uma declaração que começa assim: *Ouça as palavras da Grande Mãe, que antigamente foi chamada pelos homens de Ártemis, Astarteia, Diana, Melusina, Afrodite e muitos outros nomes. Em meus altares a juventude da Lacedemônia fez o devido sacrifício. Uma vez por mês, de preferência quando a lua está cheia, encontrem-se em algum lugar secreto e me adorem. Pois sou a rainha de todas as magias...*

Pois sou uma deusa graciosa, dou alegria à terra, certamente, não a fé, durante a vida; e após a morte, a paz inexprimível, o descanso e o êxtase da deusa. Nada peço em sacrifício...

Essa declaração vem, eu acho, da época em que romanos ou estrangeiros chegaram; isso explicaria o que nem todos sabiam em épocas passadas e identifica a deusa com deusas de outras terras. Imagino que uma declaração similar era uma característica nos antigos mistérios.

Estou proibido de revelar algo mais; mas, se você aceitar a regra dela, tem a promessa de vários benefícios e é admitido no círculo, apresentado à Morte Poderosa e aos membros do culto.

Há também um pequeno "susto", uma "prova" e um "juramento"; mostram-lhe algumas coisas e lhe dão alguma instrução. Tudo é muito simples e direto.

* * *

Entre as declarações mais comuns contra as bruxas está a de que elas repudiam ou negam a religião cristã. Tudo o que posso dizer é que eu e meus amigos jamais ouvimos algo sobre tais negações e repúdios. Minha opinião é de que em tempos primitivos todos pertenciam à velha crença e adoravam regularmente os antigos deuses antes de serem iniciados. Para as pessoas como os romanos e romano-bretões, eles estariam apenas adorando seus próprios deuses, identificados com os célticos; logo, nada haveria para ser repudiado.

Possivelmente, durante a perseguição, se pessoas desconhecidas apareciam em um encontro religioso, seriam questionadas para se descobrir se eram espiões; provavelmente lhes pediam para negar o cristianismo, como uma espécie de teste. Eles nunca iniciariam alguém, não o trariam ao círculo, a menos que soubessem com certeza que era pertencente à velha crença. Quando a perseguição aumentou, o culto escondeu-se e praticamente só as crianças nascidas e criadas no culto eram iniciadas. Acredito que algumas vezes, quando alguém que não fosse do sangue desejasse ingressar, ele era questionado; mas daria na mesma pedir ao postulante médio que negasse o cristianismo ou que negasse uma crença em Fidlers Green, sobre o qual os velhos marinheiros costumavam falar: o paraíso para onde os velhos marinheiros iam, que ficava bem longe do Inferno.

Logo, penso que, embora houvesse casos de pessoas que negavam o cristianismo, estas foram bem poucas. Dizer que isso é "provado" porque muitas bruxas foram torturadas para admitir que repudiavam o cristianismo é a mesma coisa que dizer que tal testemunho prova que elas voavam em vassouras. Meu grande problema para descobrir quais foram suas crenças reside no fato de elas terem esquecido praticamente tudo sobre seu deus; tudo o que posso saber é por meio dos ritos e orações dirigidos a ele.

As bruxas não conhecem a origem de seu culto. Minha própria teoria é, como já disse, que é um culto da Idade da Pedra, dos tempos matriarcais, quando a mulher era líder; mais tarde, o deus homem se tornou dominante, mas o culto das mulheres, por causa de seus segredos mágicos, continuou como uma ordem distinta. O grande sacerdote do deus homem às vezes compareceria aos encontros delas e os lideraria; quando estivesse ausente, a grande sacerdotisa era sua representante.

Deve-se notar também que há certos ritos em que um homem deve liderar, mas, se um homem do grau requisitado não está disponível, uma sacerdotisa chefe veste uma espada e é vista como um homem para a ocasião. Mas embora a mulher possa ocasionalmente tomar o lugar do homem, o homem nunca pode tomar o lugar da mulher. Isso deve vir da época da associação das Druidesas, que os romanos tratavam de bruxas. Se eram druidesas verdadeiras, eu não sei. Essa parece ter sido uma organização religiosa separada, possivelmente sob o comando do druida líder, da mesma forma que havia um sacerdote ou alguém que num encontro de bruxas era reconhecido chefe; ele era chamado "o Diabo" na época medieval. Imagino que o uso do círculo das bruxas, em magia, pode ter vindo do povo druídico, ou mesmo pré-druídico, que construiu Stonehenge e Avebury, e que os usaram para concentrar os poderes gerados. É descendente direto dos círculos usados na magia da caverna pré-histórica, embora, é claro, deva ter vindo do Oriente. Os romanos aniquilaram os druidas nas áreas que efetivamente ocuparam,

Crenças das Bruxas 47

mas acredito ser possível que uma divisão feminina possa ter continuado mesmo aí, talvez em segredo; ou talvez elas fossem toleradas e alguns romanos e gregos que pertenciam aos diferentes mistérios, particularmente o de Mitra, encontrando tais organizações, se tornassem membros, de forma que as deusas se identificavam com sua deusa clássica; daí a construção da declaração.

Capítulo IV

Práticas das Bruxas

No passado as bruxas eram os "jovens brilhantes" das classes intelectuais – após as perseguições, os encontros se tornaram pequenos e privados – razões para pensar que o culto é muito antigo – os rituais das bruxas – Aleister Crowley, Rudyard Kipling, Hargrave Jennings, Barrat do Magus e Sir Francis Dashwood – a opinião do autor de que a bruxaria veio diretamente da Idade da Pedra, algo influenciada pelos mistérios clássicos – não inventada pelo diabo – o Deus da Morte como grande protetor – o doutor Fausto e a ideia da venda da alma – estabelecimento de informações contra as vítimas – o ódio Manx pelos informantes – instruções em escritos de bruxas (na íntegra) – por que bruxas dormem sob tortura – o uso de óleos de unção – preparativos para Sabás – o uso de corpos untados com óleo – a bruxaria é superstição ou religião?

As pessoas que se sentiram atraídas pelo culto das bruxas pertenciam principalmente às classes intelectuais, compreendendo artesãos, soldados, mercadores, médicos, marinheiros, fazendeiros e caixeiros. Todos eram pessoas que queriam aventura, os "jovens brilhantes" da época, combinados, é claro, com aqueles que sempre se unem a algo secreto ou estranho ou religioso na esperança de alívio; ou seja, pessoas com algum tipo de desajuste sexual. Havia, claro, as sábias da aldeia com suas curas e maldições, e os moradores dos castelos e grandes casas. Não que essas pessoas "pertencessem" – elas dizem apenas "pertencer", nunca dizendo a quê –, mas eram as classes do povo que mais assistiam aos sabás dos homens das matas; pelo menos alguns deles eram iniciados nos mistérios.

A perseguição foi dirigida primeiro contra os gentios, depois contra os pagãos e então se voltou para seus associados nas cidades maiores e aldeias. Eram fáceis de reconhecer, por serem principalmente pessoas que estavam melhor que seus vizinhos, comendo melhor e levando vidas mais razoáveis. Se bebessem e batessem nas esposas, estavam livres de suspeita. Quem quer que levasse o que se chama de uma vida razoável, e além disso fosse inteligente, era suspeito e o grito de comando era: "Matem-nos a todos; o Senhor conhecerá o que é Dele". Mas o problema em matar todas as pessoas inteligentes era a perda para a comunidade. Assim, o massacre foi interrompido no fim; mas a maioria dos membros do culto já estava morta e apenas uns poucos haviam sobrado para levá-lo adiante. Eram principalmente os associados que haviam sido iniciados.

Em vez dos grandes sabás com cerca de mil ou mais espectadores, aconteciam pequenos encontros em casas particulares, com provavelmente uma dúzia de pessoas, de acordo com o tamanho do quarto. Sendo os números pequenos, eles não eram mais capazes de adquirir poder, de aumentar o estado hiperextático por meio de centenas de dançarinos fogosos sacudindo-se selvagemente; eles tinham de usar outros métodos secretos para induzir esse estado. Isso era fácil para os descendentes dos homens da floresta, mas não para as pessoas de raça não céltica. Algum conhecimento e poder sobreviveu, uma vez que muitas das famílias casaram-se entre si, e depois de algum tempo seus poderes cresceram e, aqui e ali, o culto sobreviveu. O fato de serem felizes deu-lhes uma razão para lutar. É de fato dessas pessoas que as bruxas sobreviventes provavelmente descendem. Elas sabem que seus pais e avós pertenceram, e contaram a eles de encontros na época de Waterloo, quando era tido como um velho culto, embora tendo existido em todos os tempos. Apesar de a perseguição ter esmorecido, elas perceberam que sua única chance de ser deixadas em paz era permanecer desconhecidas, e isso é tão verdadeiro hoje como era há quinhentos anos.

A grande questão que as pessoas fazem é: "Como você sabe que o culto é antigo?" Seria fácil responder se eu tivesse permissão de publicar os ritos na íntegra. Mas tenho familiaridade com diversas formas de ritual, incluindo a magia cabalística, e todas têm certas coisas em comum e trabalham invocando um espírito ou inteligência e comandando-o à sua vontade. Todos os membros ficavam em um círculo para proteção e eram prevenidos de que se deixassem o círculo antes que o espírito se despedisse eles seriam amaldiçoados. Uma variação é trabalhar num cemitério e tentar levantar um cadáver para tirar informações dele. Há outra escola que acredita que todas as cerimônias mágicas deveriam consistir em um ato junto com um feitiço rítmico. Ou seja, você deve mostrar aos Poderes o que fazer e então amarrá-los com um ritmo.

Se alguém nos últimos duzentos anos tivesse tentado fazer um rito, teria usado um desses métodos ou algum parecido. O método das bruxas inglesas é inteiramente diferente. Elas acreditam que o poder está dentro delas e exsuda de seus corpos. Ele se dissiparia se não fosse pelo círculo, traçado, como já se disse, para manter o poder dentro dele, e não, como os magos usualmente fazem, para manter os espíritos fora. Uma bruxa pode e se move livremente para dentro e para fora do círculo como quer.

O único homem que conheço que pode ter inventado ritos é o saudoso Aleister Crowley. Quando o encontrei, ele estava mais interessado em ouvir que eu era um membro e disse que ingressara ainda muito jovem, mas que não diria se havia reescrito algo ou não. Mas as práticas das bruxas eram inteiramente diferentes em método de qualquer tipo de magia sobre a qual ele tenha escrito – e ele escreveu sobre muitos tipos. Há porém certas expressões e certas palavras utilizadas que batem com as de Crowley; possivelmente ele emprestou coisas dos escritos do culto, ou mais provavelmente outra pessoa emprestou alguma coisa dele. O único outro homem de que me lembro que talvez o tenha feito foi Kipling; mas os escritos do culto são tão estranhos a suas ideias e expressões que tenho certeza de que ele não deveria tê-los escrito, embora imagine, a partir de alguns de seus trabalhos, que ele conhecia algo sobre o assunto. Há muita evidência de que em sua forma presente os ritos desenvolveram-se muito antes que Kipling e Crowley nascessem. As pessoas que certamente teriam tido o conhecimento e a habilidade para inventá-los eram as pessoas que formavam a Ordem da Aurora Dourada há cerca de setenta anos, mas, conhecendo seus fins e objetivos, acho que é a última coisa que eles teriam feito. Hargrave Jennings pode ter um dedo nisso, mas seus escritos são tão intrincados que dificilmente posso acreditar que ele pudesse ter inventado algo tão simples e justo. Avôs e avós contaram a pessoas que ainda vivem sobre encontros, que assistiram há cerca de cento e trinta anos, quando se achava que o culto existira em todos os tempos. Barrat do Magus, por volta de 1800, teria tido a habilidade de inventar ou ressuscitar o culto, mas ele estava mais interessado em magia ritual, que eu penso ter mostrado nos rituais. *Sir* Francis Dashwood, do Hell Fire Club, é outro que poderia ter posto uma mão, mas ele era um demonista livre-pensador e seria o último homem a começar ou inventar uma nova religião; se ele tivesse feito, teria sido algo nas linhas diabólica ou clássica. Também não penso que ela possa ter sido inventada quando a Inglaterra era governada pelo C. A. B. A. L. (o governo de Clifford, Arlington, Buckingham, Ashley e Lauderdale) e os homens estudados eram todos cabalistas; se eles acreditavam e trabalhavam com linhas cabalistas, não teriam inventado algo assim. É bastante possível que as partes principais do culto tenham sido trazidas da Itália na época da Renascença ou mesmo depois, mas, se o foram, teria sido como um culto de bruxas totalmente desenvolvido, que se juntou então aos encontros de bruxas locais.

Imagino que certas práticas, tais como o uso do círculo para segurar o poder, foram invenções locais, derivadas do uso do círculo druídico ou pré-druídico. Houve uma época em que acreditei que todo o culto descendia diretamente da cultura do Norte Europeu na Idade da Pedra, sem quaisquer outras influências; mas agora penso que foi influenciado pelos mistérios gregos e romanos que devem ter vindo do Egito. Porém, mesmo sendo fascinante pensar que o culto descende diretamente do antigo Egito, devem-se considerar as outras possibilidades.

Há, é claro, a visão católica romana ortodoxa de que o culto foi inventado pelo Diabo ou por pessoas que odiavam a Igreja católica. Se esse fosse o caso, certamente isso ficaria óbvio nos ritos ou nos ensinamentos; mas todos estes acontecem como se os praticantes jamais tivessem ouvido falar sobre o assunto, o que aponta para uma origem ao menos pré-cristã. Outras pessoas dizem: "Foi um protesto contra a tirania dos nobres e da Igreja". Se fosse apenas isso, não ficaria evidente, também, nos cultos e ensinamentos? Impostos altos podem ter induzido um grande número de pessoas a se juntar ao culto em busca de proteção – o que me faz lembrar de uma história da época em que os nativos da Cornualha eram bons pagãos, mas implicavam com a Igreja católica. "Quando eles ouviram falar do protestantismo, organizaram uma grande reunião para decidir qual dos dois aborreceria mais a Igreja, continuar pagãos ou tornar-se protestantes. Decidiram, após muito argumentar, que, como a Igreja não se importava muito por serem pagãos, eles deveriam tornar-se protestantes." Posso imaginar muito bem que na época do rei John, quando toda a Inglaterra estava sob interdição – quando, como disse o imortal Smith Minor, "o Papa fez uma lei segundo a qual ninguém poderia nascer, casar-se ou morrer, no espaço de dez anos" –, muitos bons cristãos, desprovidos de consolo religioso, poderiam facilmente ter-se voltado para a religião rival. Afinal, o paraíso das bruxas é muito atraente para o homem comum. Causas similares no Continente podem ter levado diversos convertidos para o culto e esses teriam trazido novas ideias. Possivelmente o Grande Deus, o Protetor, o doador de descanso e paz, aos poucos começou a ser visto como o único em sua função de deus da morte e, assim, foi mais ou menos identificado como o Demônio. É difícil saber exatamente o que aconteceu; mas acredito que não seja razoável que um grande influxo de pessoas comuns nos séculos XII, XIII e XIV tenha alterado significativamente as crenças.

A Igreja nunca havia prestado muita atenção à feitiçaria, como se não fosse um rival do calibre da bruxaria; muitos papas e sacerdotes proeminentes eram conhecidos como praticantes. Com a Renascença, o espírito de investigação levou ao livre-pensamento, que por sua vez causou uma volta da magia matemática, da astrologia e da Cabala, de estudos clássicos e do conhecimento dos antigos deuses. A lenda de Fausto foi difundida e circulou a história de que para praticar a magia era preciso vender a alma ao diabo. O tratamento desse tema mais conhecido na literatura inglesa é, obviamente, o *Doctor Faustus* do "ateu" Marlowe, enquanto que uma longa série de histórias e representações do tema culminou no esplêndido *Fausto* de Goethe. Era uma era crédula e a história foi engolida facilmente: ninguém parece ter considerado se alguém acharia que valem a pena milhões de anos de sofrimento e tortura em troca de alguns anos de prazer. Há exemplos da existência da tais pactos, mas é presumível que eles se baseiam em falsas evidências inventadas para condenar algum pobre coitado ou em atos de livre-pensadores tolos ou loucos. O bispo Wilson relata um caso de Manx em seu diário, datado de Peel, 29 de novembro de 1720, da forma que segue:

"John Curlitt de Murlough, no distrito de Down, na paróquia de Killough, deu ele mesmo corpo e alma a Satã, o Demônio, que é chamado

Lúcifer, após o termo de nove anos, sob a condição de que ele lhe dê tanto dinheiro durante o período quanto lhe agradasse, em lugar de que ele se compromete a cumprir a troca e promete lutar sob seu estandarte durante o termo citado, que se ele desertar ele será entregue ao prazer de Satã, e promete ao fim de nove anos ir por si mesmo. Assinado com sangue, selado e entregue ao Demônio. John Curlitt."

John Curlitt tolamente negou ter escrito isso, dizendo que havia sido forjado contra ele. O bispo afirmava que aquela era sua caligrafia e evidentemente acreditava nisso, mas, curiosamente, não parece ter movido nenhuma ação legal. Esse pode ter sido um caso de falsificação feita por um inimigo, ou possivelmente feita por bravata, já que existiam diversos Clubes do Fogo do Inferno. Mas nessa época acreditava-se firmemente na ideia de se fazerem pactos com o Diabo, e os juristas aceitavam a ideia de que se alguém era tão mau a ponto de vender sua alma por dinheiro ou qualquer outra razão, dava uma prova clara de heresia. E heresia significava morte. Aparentemente, eles não se preocupavam em pensar que, se executassem o criminoso, o Diabo teria sua alma ainda mais depressa.

A Igreja tomou medidas para obter informações sobre todos os assuntos e dessa forma agir contra todos os atos que desaprovava. Uma vez que o relato de Manx é considerado ficção por muitos, citarei o seguinte trecho, de *The dungeons of saint Germains,* de David Crain:

"O acusador anualmente arranjava tudo para o juramento de seus representantes paroquianos e também convocava a lista dos convidados para a assembleia, que, com os carcereiros, se reunia a cada três ou quatro semanas sob a presidência do vigário ou reitor. Eles eram obrigados por juramento a relatar e apresentar pessoas ditas culpadas por violar o Cânone. Então, cada paróquia tinha seu corpo de nove ou dez homens, os Skeet, cuja tarefa era espionar seus vizinhos. Na prática, a eficiência do sistema era limitada pelas restrições que governavam a conduta dos indivíduos em uma pequena comunidade, e veio um tempo em que os espiões ficaram mais relutantes em realizar seu ofício. Mas, embora hesitassem em destruir a boa-vontade de seus vizinhos por excessivo zelo durante o ano de exercício, tinham um grande respeito por juramentos, e o resultado foi que a pesquisa exercia uma firme pressão na vida da paróquia, encorajando o ressentimento, a desconfiança e o medo."

Daí o ódio do moderno Manx pelo informante. Por esses meios a Igreja conseguia conhecer o tipo de pessoas que poderiam ser bruxas. Os espiões bisbilhotavam e procuravam por toda parte, tendo sido provavelmente um deles que pesquisou as crenças de John Curlitt e encontrou, ou fingiu ter encontrado, o pacto com Satã. Eles, sem dúvida, causaram a morte de quase todas as bruxas restantes e de muitos outros, alguns dos quais não pertenciam ao culto, até que houvessem sobrado apenas aqueles cujas famílias eram muito poderosas e possivelmente aqueles que eram tão pobres que não mereciam ser espionados. As bruxas se teriam tornado bons membros da

Igreja para evitar a perseguição; afinal, elas tinham autoridade bíblica para inclinar a cabeça a Rimmon, e é possível que algumas destas repudiassem o cristianismo quando de sua iniciação.

O novo terror trouxe grandes mudanças e, como se podia confiar apenas nos próprios filhos ou em relações muito próximas, o culto se tornou praticamente uma sociedade familiar secreta, separado de todas as outras convenções de bruxas. Eles mantinham os ritos dentro de casa; muitos tiveram de ser cortados por falta de membros e diversos ritos foram esquecidos. Foi provavelmente nessa época que a prática de as bruxas manterem registros tornou-se comum, já que o sacerdócio regular não mais existia e os ritos eram realizados apenas ocasionalmente.

Em todos os escritos das bruxas havia esta advertência, usualmente na primeira página:

Mantenha um livro em sua própria mão de escrever. Deixe que irmãos e irmãs copiem o que quiserem, mas nunca deixe esse livro fora de sua mão, e nunca guarde os escritos de outro, pois se for encontrado com a sua letra você será apanhada e torturada. Cada um deve zelar por seus próprios escritos e destruí-los quando o perigo ameaçar. Aprenda tanto quanto você puder de cor e quando o perigo passar reescreva seu livro. Por essa razão, se alguém morrer, destrua o livro dela se ela não tiver sido capaz de o fazer, pois se for encontrado, será uma prova clara contra ela. "Você não pode ser bruxa sozinha," então todos os seus amigos estão em perigo de tortura, por isso destroem todo o desnecessário. Se o seu livro for encontrado em seu poder, será uma prova clara contra você; você pode ser torturada.

Mantenha todos os pensamentos do culto em sua mente. Diga que teve sonhos maus, que um diabo a obrigou a escrever aquilo sem seu conhecimento. Mentalize: "Não sei de nada; não me lembro de nada; esqueci tudo". Mantenha isso em mente. Se a tortura for grande demais para suportar, diga: "Eu confesso. Não posso suportar esse tormento. O que vocês querem que eu diga? Perguntem a mim e eu o direi". Se eles tentam fazê-la falar da Irmandade, não o faça, mas se tentarem fazê-la falar de impossibilidades, tais como voar pelos ares, correspondência com o demônio, sacrifício de crianças ou comer carne humana, diga: "Tive sonhos maus. Eu não era eu mesma. Eu estava enlouquecida".

Nem todos os magistrados são maus. Se houver uma desculpa, eles podem ser piedosos. Se você confessou algo, negue-o mais tarde; diga que você balbuciou sob tortura e não sabia o que fazia ou dizia. Se você for condenada, não tema, a Irmandade é poderosa, eles podem ajudá-la a escapar se você for decidida. Se você trair de algum modo – NÃO HAVERÁ AJUDA PARA VOCÊ NESTA VIDA OU NA QUE VIRÁ.

Se lealmente você caminha até a pira, AS DROGAS CHEGARÃO A VOCÊ e você se sentirá aniquilada, mas irá para a morte e para o que está além, o Êxtase da Deusa.

O mesmo com as ferramentas de trabalho. Que elas sejam como coisas comuns que qualquer um tenha em casa. Que os pentáculos sejam de cera para que possam ser derretidos ou quebrados rapidamente. Não possua espada, a não ser que seu posto permita que você tenha uma. Não possua nomes ou signos sobre nada, escreva os nomes e signos com tinta antes de os consagrar e lave-os imediatamente depois. Nunca se gabe, nunca ameace, nunca diga que quer o mal para ninguém. Se alguém falar do trabalho, diga: "Não me fale disso, pois me assusta, traz má sorte falar disso".

Isso diz muito. Deve datar do tempo da perseguição ferrenha no Continente e deve ter sido traduzida grosseiramente para o inglês. O problema de tratar desses documentos é a lei das bruxas: todos podem copiar o que quiserem de outros, mas antigos escritos não podem ser guardados. Como todos são passíveis de alterar levemente as coisas, modernizar a linguagem e fazer outras mudanças, é impossível fixar a data em que isso se tornou corrente. Obviamente, não foi escrito na Inglaterra. Embora bispos possam ter queimado bruxas por vezes, o enforcamento era a única sentença de morte legal. Poderia ter sido escrito na Escócia, mas os escoceses teriam escolhido palavras mais claras, acho. Isso mostra uma coisa: que a corporação era poderosa. Podia subornar carcereiros para que aplicassem drogas nas pobres coitadas. Isso explica, em minha opinião, a queixa da Inquisição de que as bruxas dormiam mesmo sob tortura. A declaração, além disso, deve datar de um tempo em que as pessoas se tornavam letradas. A queima das bruxas no Continente era uma espécie de lei de linchamento; os bispos faziam o que gostavam, dizendo que a Igreja estava acima da lei da Terra.

* * *

As pessoas me fazem perguntas sobre as bruxas porque ouviram muitos contos sobre elas. Elas vão ao sabá? É verdade que usam uma pomada voadora? Por que as bruxas se besuntam? Elas voam pelos ares em vassouras, quando vão a seus encontros? Nos tempos antigos, geralmente elas andavam carregando bastões ou varas, que eram úteis como armas. Algumas vezes faziam uma espécie de salto com vara sobre os obstáculos, úteis para encontrar o caminho e evitar obstáculos no escuro. Nos tempos da perseguição, pelo menos, elas deveriam colocá-los entre as pernas e correr com eles até o local do encontro; ou, se desafiadas, como sinal de que pertenciam ao culto. Um erro poderia significar uma flecha entre as costelas e a flecha teria sido untada com alguma variedade de sangue de porco ou heléboro. Por fim, elas montavam nesses bastões durante a dança da fertilidade; mas, ao montá-los, era preciso que houvesse alguma graxa e fuligem neles, e um bastão tão manchado poderia ser usado como evidência contra elas; assim, frequentemente apanhavam um galho ou um cabo de vassoura, que são normalmente sujos, e os usavam para reconhecimento, para pular ou para a dança da fertilidade. Se o lugar do encontro fosse distante, elas montavam cavalos. Nunca voaram em vassouras. Hoje em dia, como pessoas comuns, elas andam ou tomam o ônibus, ou o que lhes seja mais conveniente.

Nunca conheci bruxas que se besuntassem inteiras, mas já me mostraram uma receita de óleo para ungir. Consistia de verbena ou menta amassada e empapada em azeite ou banha, mantida durante toda a noite, então coada em um pano para remover as folhas. Então se adicionavam folhas frescas e a operação se repetia por três ou quatro vezes até que o óleo estivesse fortemente aromatizado e pronto para o uso. Dizem que se elas vivessem em uma localidade em que não seriam vistas tiravam as roupas, passavam o óleo no corpo e iam nuas ao sabá. O óleo as manteria quentes até começar a dança. Por vezes, elas misturavam ferrugem ao óleo para não ser vistas à noite. Uma das acusações contra as bruxas é que se tornavam invisíveis à noite e, deve-se notar, a verbena era tida como capaz de conferir a invisibilidade. Elas possuem um óleo aromático muito poderoso, chamado hoje em dia de óleo de unção. É usado apenas pelas damas, que o passam nos ombros, atrás das orelhas, etc., como um perfume comum. Quando elas se aquecem com a dança, vapores muito fortes são exalados e diversos deles produzem um efeito muito curioso. Como esse óleo é produzido é um grande segredo; foi usado sem esse ingrediente durante a guerra e por algum tempo depois, porém mais tarde os suprimentos chegaram. Elas iam nuas aos encontros porque, se fossem atacadas, não haveria tempo para se vestirem e assim acabariam deixando roupas incriminadoras para trás. Outra razão é que elas acreditavam que um soldado deixaria uma moça nua partir, mas levaria prisioneira uma moça vestida. Os escorregadios corpos untados também as tornavam difíceis de ser apanhadas. No inverno, elas arranjavam um lugar coberto, uma caverna ou ruína, onde pudessem acender um fogo e se aquecer. Vestiam roupas na ida e na volta desses lugares. A "busca" local, que indagava sobre acontecimentos anormais, certamente ficava em casa no inverno. Elas me disseram também que na maioria das aldeias as bruxas arranjavam para que a primeira e a última casas fossem ocupadas por um membro do culto, "e uma bruxa estrangeira, em viagem ou de passagem", poderia ir para onde estivesse segura de ter ajuda e proteção. Nas aldeias, os membros do culto iam vestidos para essa casa e se untavam lá. Os ocupantes da casa nunca assistiam ao sabá, mas logo que a última bruxa saía eles arrumavam uma desculpa para ser vistos pelo maior número possível de habitantes da aldeia, pois se alguém descobrisse que houvera um sabá nas vizinhanças eles estariam livres de suspeita.

Há muitas histórias sobre pessoas saindo por janelas e mesmo por chaminés quando havia pessoas que não eram membros do culto na casa. A maioria das pessoas, naquele tempo, acreditava em duendes e diabos e tinha medo do escuro; então, se as bruxas estivessem a algumas jardas da aldeia, estariam a salvo de larápios. Claro que as bruxas faziam todo o possível para estimular esses temores. Elas eram grandes anedotistas e piadas bem-sucedidas salvaram suas vidas muitas vezes; mas seus contos de advertência sobre o escuro não eram inteiramente infundados. Os homens da floresta sempre usaram setas envenenadas.

Após ter escrito isso, recebi uma carta datada de 29 de setembro de 1952, informando-me de um encontro realizado em um bosque no sul da Inglaterra, cerca de dois meses antes na nudez tradicional (felizmente o tempo estava quente). Elas formaram o círculo com o Athame, fizeram a dança da fertilidade em cabos de vassoura, realizaram o próprio da estação, assim como outros ritos, e dançaram algumas das danças antigas. A carta mencionava também três encontros internos nos últimos meses, quando tudo acontecera de maneira satisfatória e os feitiços realizados funcionaram! O que me interessa aqui é o fato de que muitas pessoas se encontram todo ano e realizam ritos de bruxas porque acreditam neles. Um crítico me sugeriu: "Essas pessoas não são bruxas; elas apenas fazem ritos de bruxas porque isso lhes dá prazer e porque são supersticiosas". Se esse fosse um critério, uma superstição não é uma crença? Um cristão que acredita em sua religião, e que além disso obtém prazer e conforto realizando seus ritos religiosos, deixaria de ser um cristão? Também se diz, não sei com que razão, que os Wee Frees* apenas acreditam em religiões que tornam você miserável. Nem as bruxas nem eu próprio concordamos com os Wee Frees a esse respeito.

---

* N do T.: Wee Frees – membros da Igreja Presbiteriana Livre.

Capítulo V

O Povo Miúdo

Raças pigmeias na Europa e em outros lugares – poderes mágicos e veneno – esposas "fadas" e o rapto de crianças e noivas – a esposa "fada" do clã MacLeod e a bandeira fada de Dunvegan – os Pictas de Orkney e Harold Haarfaga – empregados anões em famílias líderes – teriam os anões chamados Kerions construído os megalitos? – fadas engajadas em uma batalha em 1598 – casamento com povos não encantados e a pequena estatura dos Manxmen: teriam eles as características dos povos Pixies?

Eu acredito no Povo Miúdo que vivia na Ilha de Man; mas eles não eram realmente encantados. Havia muitas raças de pigmeus na Europa. Eles eram semelhantes aos atuais pigmeus da África, pessoas pequeninas ameaçadas por seus vizinhos maiores e expulsas para montanhas, florestas e outros lugares inacessíveis. Eles assaltam campos cultivados e fazem travessuras, mas, se seus roubos são perdoados e algumas vezes deixa-se comida para eles, em troca eles deixam presentes de sua caça, carne, marfim e peles. Dizem que às vezes roubam bebês e deixam um dos deles em troca, como as fadas britânicas faziam. Os pigmeus vivem da mesma maneira na África Central, Malaia, Nova Guiné, Deccan, Ceilão e nas Filipinas. Conheci diversos deles e todos usam setas envenenadas e diz-se que possuem poderes mágicos.

Há evidências dessas raças pigmeias na Europa. Muitas casas de pedra são pequenas demais para um homem moderno, mas são bastante confortáveis para crianças. As pessoas das raças invasoras que os expulsaram das terras melhores inclinavam-se a desprezá-los, pois eles assaltavam suas colheitas e matavam seus rebanhos. Depois de algum tempo, pensaram que se o Povo Miúdo fosse bem tratado se tornaria amigável e os ajudaria, como ocorreu no auxílio aos sulistas na batalha da Ponte das Fadas. Nas Ilhas Ocidentais da Escócia, como na Ilha de Man, se as pessoas tivessem o *Cerrd Chomuinn* (Associação de Ofício), uma espécie de camaradagem de artesãos, poderiam fazer as fadas virem e os ajudarem a lavrar e colher em troca de presentes, como um europeu na Malaia consegue ajuda do Povo Miúdo local, os *Saki* e *Jakoon*.

A Esposa Fada era um tipo reconhecido chamado *Leannan Sidhe*. Ela era boa e bonita, mas perigosa, e não se podia bater nela ou ela correria para seu povo, levando seus filhos e seus dons de fada consigo. Geralmente exigia a promessa de não se contar sobre sua origem encantada; logo, ela deveria ter tamanho suficiente para ser tomada por mortal. As mulheres por vezes tinham maridos encantados, mas deviam manter esse fato em segredo, ou às vezes apenas o fato de ele ser encantado era mantido secreto, o que também incluía mostrar seu tamanho. Na Escócia, a Esposa Fada frequentemente ajudava seu marido no trabalho; podia prever o futuro, quando ele morreria, ou com quem ele se casaria após a morte dela ou depois que ela o deixasse; mas enquanto durava a união ela era em geral muito ciumenta. Diziam que a Esposa Fada roubava bebês e provavelmente o fazia para que a raça se fortalecesse. Belas moças eram regularmente raptadas para ser esposas do rei encantado, e fadas machos frequentemente persuadiam jovens a fugir de casa, como os Highlanders da Escócia costumavam suprir-se de moças das Lowlands há trezentos anos, fugindo com elas ou raptando-as.

O clã dos MacLeods das Ilhas foi fundado por Leod, filho de Olaf, o Negro, rei de Man, que era filho de Harold Hardraga, o rei norueguês que foi morto na batalha da Ponte de Stamford, em 1066. Seu bisneto, o quarto chefe, tinha uma esposa fada, que lhe deu a celebrada bandeira fada de Duvegan, por volta de 1380. Todos esses são povos históricos e a bandeira ainda existe. Essa esposa fada era certamente uma mulher da raça miúda, que porém nunca se multiplicou o suficiente para que existissem descendentes seus em nossos dias.

As casas do Povo Miúdo são frequentemente descritas como montanhas cônicas. No Eire, acredita-se que os *sidhe* vivem em montanhas ou montes mortuários até hoje. Uma porta, quase sempre oculta, abria-se ao lado da montanha; havia longas passagens escuras que levavam a muitas câmaras que eram às vezes iluminadas por lâmpadas ou tochas. Praticamente todas as histórias falam do escuro, ou luz crepuscular. A duas milhas de Castletown, na Ilha de Man, uma aldeia foi escavada em 1943, pertencente a um povo céltico ou, provavelmente, pré-céltico. A maior das casas era uma redonda, de madeira, com um telhado parecido com um pires invertido, feito com blocos de capim e sustentado por centenas de postes de carvalho arranjados em anéis graduados. O anel interno formava um quarto de cerca de cinco metros e meio de diâmetro com uma grande pedra no centro. Essa casa, de cerca de 1.800 metros quadrados de área e 27,5 metros de diâmetro, era presumivelmente a casa do chefe ou rei e ele e sua família viviam na seção central, sendo os círculos exteriores estábulos para o gado. Supõe-se que ainda estava ocupada na época cristã.

A casa era iluminada apenas pela chaminé central, que não fornecia mais que um lusco-fusco. É certo que às vezes havia um vigia no telhado da casa, que se parecia exatamente a uma montanha cônica, e é quase certo que esse vigia subia com uma escada e descia pela chaminé, em vez de dar toda a volta até a porta e subir a montanha inteira de novo; os outros também preferiam fazer desse modo. Visitantes da raça alta devem ter notado esse curioso (para eles) hábito de sair e entrar pela chaminé e foram possivelmente lembranças confusas desse fato que levaram à lenda de que as bruxas tinham o hábito de sair e voltar pela chaminé.

Essas pessoas eram provavelmente membros de numerosas raças que habitaram a Europa em tempos pré-célticos, possivelmente representados agora pelos finlandeses e lapões, pequenos e muito fortes como descritos nos contos de fadas de diversos povos. Nas ilhas Ocidentais há muitas casas Pictas, de forma cônica e feitas de pedra, mas que, quando cobertas de turfa, se assemelhavam a montanhas. Além da conhecida Maeshow de Orkney, em Taransay, Harris, há uma pequena com uma guarita na passagem de entrada onde os sentinelas se agachavam. Essa cela é feita de pedra e tem 75 centímetros de altura e 90 de largura; evidentemente, a sentinela era do Povo Miúdo! A maior parte das passagens de pedra tem apenas um metro e quarenta e algumas têm o comprimento de mais de 20 metros. Pode-se entender que a necessidade de defesa fazia com que uma porta pequena fosse desejável, também para não deixar o frio entrar, mas não é razoável que houvesse alguma vantagem em construir uma passagem longa, na qual seria necessário andar curvado; logo, parece que a altura média dos usuários seria menor que um metro e quarenta. O bispo norueguês de Orkney, escrevendo em Kirkwall em 1443, disse: "Quando Harold Haarfaga conquistou as Orkneys no século IX, os habitantes eram de duas nações, os *Papae* (católicos irlandeses) e os *Peti* (Pictas ou Peths), e ele exterminou a ambos". Ele prossegue: "Esses Pictas de Orkney eram apenas um pouco mais alto que pigmeus e trabalhavam maravilhosamente na construção de suas cidades noite e dia, mas ao meio-dia eles se escondiam em suas pequenas casas subterrâneas, com medo da luz". *(Horum alteri scilicet peti parvo superantes pigmeos statura in structuris urbium vespere et mane mira operantes, meridie vero cunctis viribus prorsus destituti in subterraneis domunculis pro timore latuerent).*

Pela tradição das Highlands, cada família tinha empregados anões que eram vistos como misteriosos ou do povo encantado. Eles andavam quase nus, eram cabeludos e tinham uma força imensa; eram poderosos arqueiros, travessos, gostavam de dança e música e eram hábeis para a magia. Realizavam costumeiramente todo seu trabalho à noite. Também a literatura inglesa se refere a eles; o "demônio idiota" de Milton a cada noite talhava o leite, e esta e outras tarefas são cantadas no *Sonho de uma Noite de Verão*, de Shakespeare. Mais tarde, talvez algumas histórias de macacos mascotes tenham-se misturado a essas lendas e o todo foi transformado em contos de fadas. Sir Walter Scott se refere aos clãs aborígines ou servis e os descreve como "seminus, de crescimento atrofiado e miseráveis no aspecto". Eles incluíam os MacCouls, alegados descendentes dos Fian, que eram uma espécie de gibeonitas ou servos hereditários dos Stewarts de Appin. Manuscritos irlandeses do século XI afirmam que no século IX, quando os dinamarqueses invadiram a Irlanda, nada houve nos vários lugares secretos que pertencesse aos Fians, ou Fadas, que eles não tenham descoberto e roubado. Na Bretanha, a lenda diz que o povo antigo que construiu os megalitos eram um povo anão conhecido como Kerions, pequenos em estatura, mas muito fortes. Há uma expressão que diz "forte como um Kerion". Muito semelhante com o que os Scots costumam falar sobre os Pictas: *"Verra sma' butt unco' strong".* *

Todos esses povos parecem ser lembrados pelas mesmas características: bons amigos, mas perigosos inimigos, muito fortes, capazes de desaparecer quando querem, fazendo grandes festas à noite e usando flechas envenenadas. Eles foram perseguidos e banidos pela Igreja, que os culpou de realizar ritos e danças indecentes. As bruxas tinham relações com eles e frequentemente eles se casavam, tornando-se a família encantada das lendas posteriores. A ideia escocesa de bruxa parece afirmar que bruxas e fadas pertencem ao mesmo povo. Como vimos, eles eram reputados como especialistas em magia. Embora pequenos, eram extremamente ágeis e tinham grande habilidade para trabalhar. Trabalhavam durante a noite e terminavam ao raiar do dia, sendo bem pouco vistos por bastante tempo e, a menos que tivessem um acordo com um homem, eles escapavam para seus montes à menor interferência humana. Até que a época vitoriana os cobrisse com véus leves e airosos, eles andavam nus ou enrolados em trajes de pele. Isso mais tarde pode ter causado um mal-entendido com a prática dos Pictas de se pintar com anil e cal, o que os tornava verde-Lincoln, a famosa cor das fadas. Tendo sido descritas como vivendo no mesmo país ao mesmo tempo, parece razoável que as descrições de anões, fadas e bruxas sejam ideias populares diferentes referentes ao mesmo povo.

Há muitos casos de nobres que empregaram o Povo Miúdo. Antes da batalha de Tri-Gruinard, em Islay, Escócia, no ano de 1598, Sir James Macdonald empregou um homenzinho chamado Du-Sith (Elfo Negro) que era conhecido como encantado. Durante a ação, ele matou o líder adversário, Sir Lachlan Mor Maclean, com uma seta que mais tarde se disse ser uma flecha élfica ou uma seta encantada com a ponta de pedra. Isso desorganizou o clã e os MacDonald obtiveram a vitória.

Presumivelmente ele pertencia ao Povo Miúdo, um arqueiro poderoso, e sua flecha estava envenenada, embora Sir James não o deva ter percebido.

Mas a crença em uma flecha encantada que sempre matava ou uma flecha envenenada que sempre assassinava é mais ou menos a mesma coisa e ele provavelmente achou que o veneno era algo mágico; o fato é que ele empregou esse aliado e assim obteve a vitória, e isso é um assunto histórico.

Infelizmente, os conquistadores, como Harold Haarfaga, exterminaram a maior parte deles e reduziram os outros a um estado servil, vivendo nas florestas como "pagãos" ou então casando-se com seus conquistadores e misturando-se com a população comum. Isso fez com que seu tamanho

---

* *N do T.: muito pequeno mas que força!*

O Povo Miúdo

aumentasse um pouco e, quando perseguidos, seus descendentes negavam ser fadas ou "pagãos", ressaltando seu tamanho a seu favor, dizendo: "Fadas são pequenas, nós somos grandes". Nessa época, poderia significar a prisão de Bishop, mutilação e a fogueira se alguém admitisse ser um "pagão" ou uma fada. Mais tarde, os livres foram exterminados e os habitantes das cidades desapareceram na população geral. Acho que posso reconhecer alguns de seus descendentes até hoje, pequenos e troncudos, com ombros bem largos e muito fortes.

Há cerca de duzentos anos, os franceses acreditavam que na Inglaterra estava se criando uma raça especial para ser marinheiros. Dizia-se que eram extremamente fortes, com ombros muito largos e todos com menos de 1,60m de altura, de forma que poderiam trabalhar sob os conveses extremamente baixos dos navios de guerra britânicos. Os franceses não são uma raça de gigantes, então deve haver alguma razão para essa crença. Um grande número de homens de Manx prestou serviços relevantes na marinha nessa época e se dizia que os regimentos de Manx (*Fencibles*) cobriam mais chão numa parada que qualquer outro regimento britânico, por causa da notável largura de seus ombros.

CAPÍTULO VI

COMO O POVO MIÚDO SE TORNOU BRUXAS E SOBRE OS CAVALEIROS TEMPLÁRIOS

Possível retorno dos bretões romanizados às deusas do Povo Miúdo – os normandos parcialmente pagãos deixam o povo pagão em paz – alianças entre normandos e aborígines – cultos de bruxas na França e na Normandia – nobres assistem ao Sabá – o cavalheirismo que exalta as mulheres pode ter tido origem no culto da Deusa – modos mágicos com animais – o povo das florestas começa a se vestir de verde – Robin Hood e seu grupo de bruxas e grandes sacerdotisas – a natureza dos Jogos de Maio – o Mastro, um "ídolo fedorento" – perseguição iniciada pelos papas, exterminação dos povos da floresta – O cristianismo vence com a "salvação barata"– Lady Glamis e a duquesa de Gloucester sofrem – o caso contra os Cavaleiros Templários – a regra oculta que eles quebraram – os Templários condicionam seu corpo como as bruxas e adoram uma cabeça, usam a nudez e se encontram à noite – nove acusações oficiais contra os Templários – a natureza da jornada até o castelo de Graal – mistério do desaparecimento de 14.200 Templários – pilhagem é o principal motivo da perseguição – o significado peculiar de usar um cordão – regras templárias de discrição e probabilidade de um "círculo interno" – o culto de uma cabeça de morto liga os Templários às bruxas – a independência dos Templários perante bispos e confessores – pisando e cuspindo na cruz – o "Sagrado Templário" era o Cálice – o que era o Santo Graal? – cinco formas – viria ele de um "lugar entre os mundos"? – o Graal como pedra – a lenda da derrota da cruz, revelada em 1307 – ligações com o caldeirão céltico – as procissões do Graal e a adoração de cabeças – beijando os pés de um esqueleto – a posição ritual das Altas Sacerdotisas – os Templários podem ter-se juntado a cultos selvagens após seu retorno do Oriente.

Na Inglaterra, esses Povos Miúdos eram, em sua maioria, aborígines pré-célticos, mas entre eles havia muitos romano-bretões que permaneceram após a conquista saxã. A maioria desses teria sido cristãos, mas todos os seus sacerdotes haviam fugido. Naquela época, a maior parte do povo de Roma pensava que todos os seus problemas surgiram por eles terem rejeitado seus antigos deuses. Presumivelmente, os romano-bretões pensavam o mesmo; mas os sacerdotes das fés romanas reconhecidas haviam sido abolidos duzentos anos antes, quando Roma se tornara cristã. O Povo Miúdo tinha deusas que se identificavam com Diana e Afrodite, de forma que seria natural para os romanos que desejavam adorar seus próprios deuses antigos, que não tinham templos, visitar e adorar aqueles.

Esse influxo pode ter trazido algumas mudanças no culto, mas os objetivos principais não devem ter sido alterados. O que eles queriam era prosperidade e fertilidade para a tribo, uma vida após a morte em condições felizes e reencarnação em sua tribo ou nação.

Pouco a pouco, essas pessoas passaram a falar e comerciar com os saxões, provavelmente urdindo contra as várias invasões vikings. Foi quando o cristianismo voltou. Os reis e o povo das cidades o aceitaram, mas as pessoas do interior, os pagãos (*pagani* – pessoas que viviam no campo), os aldeões, os gentios (povos da floresta), eram na maioria da antiga fé, e eis porque se usam esses dois nomes para descrever os não cristãos até hoje.

Depois veio a invasão normanda. Os normandos eram noruegueses pagãos que haviam recebido grandes concessões de terra do rei francês, sob a condição de que se tornassem cristãos e lhe rendessem homenagem. Podemos bem chamá-los "cristãos de arroz". Dizia-se que tinham uma seita em Rouen, sua cidade principal, que adorava Afrodite; essa seita foi suprimida, pelo jeito, apenas no século XII. O pai de Guilherme, o Conquistador, era Robert, o Diabo, e estava envolvido com bruxaria. O filho de Guilherme, Guilherme Rufus, também era conhecido como líder de bruxas. Os normandos eram poucos entre os muitos saxões que eles reduziram à escravidão. Estes eram bons fazendeiros e trabalhadores, vivendo em lugares ao alcance do senhor. Sendo assim habilidosos, eles eram forçados a trabalhar a terra do senhor da propriedade e pagar taxas. Os gentios, os povos que viviam nas florestas, eram poucos e inacessíveis e era difícil forçá-los a pagar taxas ou impostos feudais, de forma que viviam mais ou menos independentes. As pessoas das cidades os tinham como povos estranhos, viciados em magia.

Os saxões odiavam seus conquistadores e eram mal-humorados e rebeldes. É mais do que provável que os gentios estivessem, em princípio, contentes em ver seu conquistador saxão tão maltratado e tivessem tido vontade de travar relações com os normandos, prestando serviços como caçadores e possivelmente como mineiros, em troca da isenção de taxas. Essas relações mais provavelmente ocorreriam quando o senhor feudal normando já pertencesse a algum culto da mesma natureza na França.

Que tais cultos existiam está provado pelos manuscritos da cúria da Igreja da França, que contam como as damas da nobreza costumavam ir às orgias ou aos sabás noturnos de Bensozia, a Diana dos antigos gauleses, também chamada Nocticula, Herodias e a Lua. Elas inscreviam seus nomes em um registro e após a cerimônia acreditavam-se fadas. Temos aqui o fato de os nobres terem amizade com um povo que mantinha uma espécie de sabá de bruxas; as pessoas que celebravam essas cerimônias eram vistas, aparentemente, como fadas e bruxas ao mesmo tempo. É notável que a deusa fosse, como a deusa-bruxa, conhecida sob muitos nomes e identificada com a lua. É claro que essas ligações eram formadas apenas pelos livres-pensadores ou pessoas menos ligadas aos padres. Edward, o Confessor, não se teria juntado a eles, mas Guilherme, o Conquistador, ou Guilherme Rufus poderiam facilmente tê-lo feito. Em conexão com essas idas a Bensozia, devo mencionar uma história que as bruxas me contaram, de que nos velhos tempos elas costumavam ir a grandes encontros distantes a cavalo, vestidas com roupas misteriosas, com aparência de espíritos, gritando e cantando para assustar as pessoas. Poderiam algumas dessas corridas noturnas ter despertado a lenda de uma caçada selvagem? Possivelmente foi a lenda que lhes deu a ideia. Deve-se notar que Raymond de Lusignon, um personagem histórico, casou-se com uma fada chamada Melusina, de quem os reis Lusignon de Jerusalém e Cipro descenderam; Melusina é o nome de uma das deusas das bruxas. Naquela época, embora o povo das florestas assistisse às cerimônias religiosas, apenas os sacerdotes e sacerdotisas eram iniciados, passando por testes e prestando juramentos. Apenas aqueles ligados ao povo e ao culto poderiam assistir a tais cerimônias. Isso explicaria as histórias de pessoas mascaradas chegando para assistir aos sabás. Eles eram nobres conhecidos, que se mantinham reservados, não tomando parte nos procedimentos, mas dançando e festejando entre eles. Também era bem sabido que havia por vezes seiscentas pessoas presentes em um sabá.

Pode ou não ser coincidência, mas a ideia de cavalheirismo cresceu por essa época. Em um tempo em que as mulheres eram tratadas como criadas e em que os homens da Igreja debatiam seriamente sobre elas terem ou não almas, os nobres menores, ou seja, a classe social que podia assistir aos sabás, repentinamente desenvolveu um código de deferência para com as mulheres. Chegaram a ponto de pôr certas damas graciosas em pedestais e tratá-las com o maior respeito possível. A princípio parece que era apenas para as damas que "entrassem no jogo", por assim dizer; mas pouco a pouco estendeu-se o requinte das maneiras para com todos os membros do sexo. Haveria aí conexão com o culto da deusa?

Os normandos tomaram alguns dos homens das florestas a seu serviço, como cavalariços, caçadores e outros trabalhos braçais, em que seu conhecimento sobre os animais tornava-se útil. Penso que eles tinham algum extraordinário conhecimento e amor pelos animais, que em tempos posteriores apareceu nos Sussurradores de Cavalo irlandeses que, de acordo com histórias confiáveis, podiam domar o cavalo mais selvagem apenas sussurrando para ele. Em minha juventude na Escócia, havia uma espécie de sociedade secreta mística, conhecida como a Palavra do Cavaleiro, entre empregados de fazendas. Os membros da sociedade supostamente tinham tratos com o Diabo e certamente tinham poderes estranhos sobre os cavalos. Acredito que a Igreja e o Sindicato do Comércio os esmagaram, embora eles ainda devam existir em segredo. O pensamento secreto dessa sociedade ou culto era que homens e animais eram irmãos de mesma descendência e deveriam ser vistos e tratados como irmãos. Acho que algo assim era tido como verdade e praticado pelos Sussurradores de Cavalos; isso explica algumas coisas que eles eram capazes de fazer. Algo desse tipo deve estar por trás das histórias de bruxas e similares. Tudo vem das práticas dos povos das florestas, que por sua vez vieram dos povos antigos que primeiro tentaram influenciar os animais por meio de magia. Esta, porém, é simplesmente minha teoria; não posso dar disso nenhuma prova. Quando o país se abriu, as raças devem ter casado entre si e os homens das florestas tenderam a aumentar de tamanho. Uma raça misturada sempre é melhor fisicamente, mas misturando-se eles tenderiam a perder seus estranhos poderes paranormais, o que parece ocorrer quando há muitos cruzamentos. Eles são muitos comuns em gêmeos idênticos e menos comuns em gêmeos normais, mas sem dúvida outras pessoas os possuem. São hereditários, mas as bruxas têm fórmulas para produzir essa forma de autoinebriamento, de escape para o mundo do encantamento. Não podem ser induzidos, porém, em pessoas com níveis de vibração diversos desses poderes, como muitos saxões, que os julgam diabólicos.

O Povo Miúdo era vívido, emocional, pródigo; os saxões eram fleumáticos, trabalhadores, religiosos e respeitáveis. O fato de seus odiados senhores terem relações com o Povo Miúdo e assistirem a seus chocantes encontros em nada contribuía para diminuir o abismo entre eles. Os mais selvagens e menos religiosos de seus senhores percorreriam grandes distâncias para assistir a um sabá. As bruxas contam histórias de pessoas roubando casas à noite para assisti-los, emprestando os cavalos de seus patrões; ou talvez o próprio patrão selasse seu cavalo e corresse para o encontro sem informar sua mulher. Esses cavalos esgotados podem ter dado origem às histórias de duendes que os furtavam para montar e galopar. No Museu de Castletown, há uma chave de estábulo com uma pedra furada amarrada, para impedir as fadas de roubar os cavalos. Essas moças encantadas romano-britânicas eram com frequência muito bonitas, e muitos homens que assistiam aos sabás traziam com eles esposas-fadas e faziam casamentos felizes. Isso era bastante comum entre pequenos fazendeiros que viviam em lugares isolados; mas era visto com desdém pela parte respeitável da comunidade.

Os tempos mudavam devagar. Os senhores não eram mais normandos. Muitos haviam se casado com saxãs, alguns tinham filhos legítimos ou ilegítimos com mulheres romano-britânicas e a raça tornou-se inglesa. O povo das florestas não era mais composto por selvagens seminus cobertos de peles; vestiam roupas tingidas de anil e cal que, como eu disse antes, produzia o verde-Lincoln – uma camuflagem excelente, que permitia ao Povo

Miúdo desaparecer atrás de arbustos. A história de Robin Hood difundia-se, o conto do arqueiro maravilhoso que nunca errou seu alvo. Robin era um nome franco-inglês comum para um espírito e Hood era uma variante frequente de Wood (floresta), e foi, além disso, derivado do escandinavo Hod, um deus do vento, variante de Woden. Robin Hood, então, embora tivesse provavelmente uma existência histórica, era uma forma mítica em que uma bruxa-líder poderia facilmente se transformar. Ele tinha sua convenção de bruxas de doze, que incluía a Grande Sacerdotisa, Lady Marian, toda vestida de verde. Era talvez mais respeitável ir a uma festa de pessoas da floresta que a uma festa de bruxas. Os jovens brilhantes entre os saxões vinham e os membros itinerantes aumentavam. Gradualmente, essas festas tornaram-se os Jogos de Maio.

Deve-se notar que o público dos antigos Jogos de Maio era muito maior do que alguns poucos escolares dançando em torno de um mastro. Os jogos eram aproximadamente o que hoje se chama "orgias". Para dar uma ideia disso, o juiz, que com os jurados governava Alderney nas Ilhas Channel até recentemente, me contou que até 1900 os velhos costumes eram mantidos em tal extensão que qualquer mulher solteira de Alderney poderia dizer a qualquer homem de Alderney que o merecesse durante o ano: "Você estava comigo nos Jogos de Maio, o filho em meu corpo é seu, você deve se casar comigo", e ele era forçado a fazê-lo.

Mas hoje em dia há apenas um costume semelhante ainda forte. Qualquer habitante de Alderney que tenha uma garrafa de rum no primeiro de maio pode pegar leite da vaca de alguém para misturar leite e rum e o proprietário não deve objetar. Mas mesmo esse costume está morrendo por causa do preço do rum.

O escritor puritano Philip Stubbes fala do mastro como um "ídolo fedorento, do qual esse é o modelo perfeito, ou ainda a coisa em si", querendo dizer que era fálico. Ele também diz: "Tanto os homens quanto as mulheres, velhos e jovens... vão às florestas e bosques, onde passam toda a noite em agradáveis passatempos e de manhã retornam. Ouvi relatar confidencialmente, viva-voz, por homens de grande gravidade e reputação, que, se suas empregadas iam às florestas à noite, havia apenas uma chance muito remota de que retornassem à casa imaculadas".

Mesmo dando uma margem ao exagero puritano, parece que o Sabá das bruxas não era nada mais que os passatempos comuns do povo, tendo qualquer excesso sido deliberadamente exagerado pelos opositores.

Se as coisas não tivessem sido alteradas, algumas das práticas mais assustadoras teriam cessado, ou seriam praticadas apenas em âmbito privado. Mas em 1318 e novamente em 1320 o papa João XXII publicou uma bula feroz contra a bruxaria, pronunciando-a como heresia. Na perseguição resultante, que continuou por séculos, o povo das florestas foi praticamente exterminado. Não havia mais grandes sabás, pois a organização fora esmagada e os membros sobreviventes estavam sob a proteção de nobres ou entre os membros do culto secreto.

Os primeiros julgamentos nos mostram o que aconteceu. As pessoas diziam: "Somos bons cristãos; fizemos essas coisas para conseguir uma boa colheita". Em muitos casos, era o padre da paróquia que comandara os ritos de fertilidade e o povo dizia que não lhes haviam contado que era errado; realmente o padre dissera que aquilo era certo. No princípio, apenas penitências e multas eram impostas, mas, à medida que a Igreja ganhou força, a tortura e o fogo foram usados. A velha religião cometeu um grande erro. Afirmava-se que o paraíso estava reservado para os iniciados; que as pessoas comuns, quando morriam, iam para uma espécie de paraíso espiritualista, uma terra das felizes caçadas: mas ali se tinha de trabalhar, enquanto apenas os iniciados poderiam obter o conhecimento requerido que os levaria a um paraíso onde eles descansavam e se aliviavam até estarem prontos para reencarnar na terra.

A cristandade primeiro prometeu o que foi irreverentemente chamado "salvação barata". "Abjura teus deuses pagãos, acredita nos três deuses que são só um e irás direto a um paraíso glorioso, onde serás rei com uma coroa dourada, sem nunca trabalhar, apenas tocando harpa e festejando para sempre". Todos os que recusassem essa oferta seriam queimados no Inferno. Há uma velha história sobre um ministro escocês que pregava: "E, queridos irmãos, após o Dia do Julgamento eu ficarei nas ameias do Paraíso segurando a mão do Senhor e nós vamos olhar para baixo para ver vocês se contorcendo no medonho fogo do Inferno. E vocês gritarão em agonia: 'Ó Senhor, Senhor, nós não sabíamos'. E o Senhor vai olhar para vocês com sua infinita bondade e piedade e lhes dirá: 'Bem, vocês sabem agora'."*

Rimos hoje, mas não era uma piada quando o povo acreditava que tal aconteceria. Os pagãos não tinham inferno com que assustar as pessoas; eles simplesmente afirmavam que o melhor paraíso e a melhor reencarnação eram para os ricos e espertos. Enquanto os respeitáveis e trabalhadores povos das cidades desprezavam os povos das florestas e se chocavam com seus atos, os nobres menores não se envergonhavam de seu contato com a magia das bruxas e feiticeiras, pois não a consideravam ofensa séria; diversos papas eram sabidamente praticantes. O evangelho de São João começa: "No princípio era o Verbo", e era sabido que, por conhecer essa palavra de poder, o rei Salomão fizera os espíritos trabalhar para ele. Manuscritos foram vendidos

---

* N. do T.: esse trecho, no original, é escrito com inglês arcaico e sotaque escocês. Transcrevo o trecho em questão: "And, dear brethren, after Judgement Day I will stand on the battlements of heaven by the rich han'o'the Lord, and we will luk down on ye a-writhing in the awfa'fiers o'Hell. And ye shall scream in agony: 'O Lord, Lord, we didna ken.' And the Lord will luk doun on ye wi' His infinite goodness and mercy, and He will say unto ye: 'Weel, ye ken the noo.'"

a altos preços, fornecendo os ritos e as palavras mágicas usadas por ele e instruindo a ensinar outras pessoas a fazer o mesmo.

Os nobres menores que não faziam segredo de suas práticas eram presa fácil e renderam muito saque para a Igreja, até que a perseguição se virasse para presas maiores, como Lady Alice Kyeteler na Irlanda. Lady Glamis, que acredito que fosse ancestral da rainha, foi queimada viva em 1537 como bruxa! A duquesa de Gloucester foi condenada à temida Prisão Bishop em Peel Castle, Ilha de Man, onde ela agonizou por dezesseis anos até sua morte. Sua companheira Margery, a Bruxa de Eye, foi queimada viva, e Roger Witche* ou Bolingbrook, clérigo e homem da igreja, foi levado da Torre de Londres para Tyburn e ali foi enforcado, decapitado e esquartejado.

Há também o célebre caso dos Cavaleiros Templários. Eles foram atacados repentinamente e sua destruição pelo fogo e tortura trouxe muito saque para as mãos do Estado e da Igreja. Houve inumeráveis livros relatando os casos pró e contra essa ordem, de forma que o assunto deve despertar algum interesse. As bruxas me disseram: "A lei sempre disse que o poder deve ser passado do homem à mulher ou da mulher ao homem, sendo as únicas exceções a mãe que ensina sua filha ou o pai a seu filho, porque são partes deles mesmos". (a razão é que um grande amor pode ocorrer entre as pessoas que participam de um rito juntas.) Elas continuam dizendo: "Esses Templários quebraram essa regra ancestral e passaram o poder de homem para homem: isso leva ao pecado e, fazendo-o, provocaram sua própria queda". Se essa história não tiver sido inventada meramente para explicar a queda da Ordem, é possível que os Templários tenham conhecido e usado algo da antiga magia. É possível que as cabeças ou esqueletos que eles adoravam fossem simplesmente imagens representando a Morte e o que está além?

O terreno principal para essa teoria é que as bruxas pensam reconhecer indicações de que os Templários condicionavam seus corpos da mesma maneira que elas para produzir a magia; como elas o fazem, porém, estou proibido de mencionar. Elas também dizem que uma das acusações feitas contra os Templários no Grande Processo em Paris em 1316 era "que à sua recepção na ordem eles renegassem Cristo, declarando que ele não era Deus, mas um homem, que não havia esperança de salvação através dele e que eles não acreditavam nos sacramentos da Igreja". Embora elas não neguem Cristo e os sacramentos, as bruxas em geral não acreditam neles, o que era no mínimo "incomum" naquela época. Em sua iniciação, uma bruxa é sempre recebida no círculo com um beijo na boca. Os Templários recebiam um beijo similar. Mas ambos foram torturados para dizer que o beijo era em outro lugar. Outra acusação era que os Templários adoravam uma cabeça, descrita variadamente, algumas vezes como tendo três rostos, outras apenas um crânio humano ou uma cabeça de cadáver: eles acredita-

---

* N. do T.: note o nome witch = bruxa em inglês.

vam que essa cabeça tinha o poder de fazê-los ricos, as árvores florescerem e a terra tornar-se fértil (chamaríamos a isso um culto de fertilidade). Nas iniciações, os candidatos a Templários eram quase ou inteiramente despidos; mantinham seus encontros e iniciações secretos e noturnos, como as bruxas.

Meus livros de referência fornecem as acusações oficiais contra os Templários, como segue:

1. Negação de Cristo e enlameamento da cruz.
2. Adoração de um ídolo.
3. Uma forma pervertida da missa.
4. Assassinatos rituais.
5. Uso de um cordão de significado herético.
6. O beijo ritual (ou obsceno).
7. Alteração nas palavras da missa e uma forma não ortodoxa de absolvição.
8. Traição de outras divisões do exército cristão na Palestina.
9. Imoralidade.

Em relação ao nº 8, nenhuma corporação de homens lutou tão bravamente e por tanto tempo na Palestina, de forma que essa parece ser apenas uma acusação "chutada".

Em relação aos nºs 3 e 7, se isso fosse verdade, deveria ser feito pelos sacerdotes Templários, e não pelos cavaleiros guerreiros, mas apenas cavaleiros eram julgados. Nenhuma ação jamais foi tomada contra um sacerdote Templário.

Em relação ao nº 9, todos os cruzados e o clericato comum eram acusados disso vez ou outra. Há pouca evidência de que os Templários fossem piores que os outros.

Mas em relação aos nºs 1, 2, 5 e possivelmente 4 e 6, acho que pode haver alguma base para as acusações. Dizem que o ídolo se chamava Baphomet. Alguns escritores dizem que essa é uma corruptela de Maomé; mas naquela época os cruzados certamente sabiam que Maomé era um homem e um profeta, não um ídolo. Também se diz que significaria Bapho Metis, o Batismo da Sabedoria, sem uma explicação sobre em que consistiria essa sabedoria. Outra história é que teria sido cunhado a partir das primeiras letras da seguinte sentença escrita de trás para a frente: *TEMpli Omnium Hominum, Pacis ABbas*: O Pai do Templo da Paz Universal entre os homens. Não poderia essa palavra ter sido cunhada para representar *o Consolador, o Confortador, o doador de Paz, a Morte e o que está além*?

Muitos escritores dizem que a jornada até o Castelo de Graal representava na verdade a viagem da alma pelo submundo para chegar ao paraíso e que isso se torna muito claro com as várias evidências dadas ao herói, mesmo que ele não possa entender certos incidentes (ver *The High History of the Holy Grail*; também, de J. S. M. Ward, *The Hung Society*, para maiores detalhes). Dizia-se que esse castelo secreto ficava numa terra distante e pertencia aos Templários. Para alcançá-lo, era preciso vencer provas e fazer certas questões, conhecer certos segredos e palavras secretas (senhas); em outras palavras, "iniciação" em uma sociedade mais ou menos secreta cujos segredos eram um talismã mágico, que tinha cinco formas, ou cinco coisas que eram diferentes sendo a mesma; um segredo de prosperidade e fertilidade e um segredo de ressurreição ou regeneração conectado com uma lança que gotejava sangue em uma taça ou um caldeirão. Tudo isso pode ser tomado como sendo equivalente a dizer que era possível ao homem atingir uma pós-vida feliz sem ajuda da Igreja, ou que não havia necessidade de adorar Cristo para obter a salvação. Isso é exatamente o que a Igreja acusava os Templários de acreditar. Como batia direto no coração do ensinamento da Igreja, ela dizia que todos os que sustentavam tais visões deviam ser destruídos; daí os vários julgamentos e execuções.

Eu não acho que já se tenha explicado exatamente o que aconteceu com a maior parte dos Templários. Os registros mostram que cerca de oitocentos foram executados ou mortos sob tortura; mas havia mais de quinze mil Cavaleiros espalhados por toda a Europa. Havia também cerca de vinte e cinco sacerdotes e irmãos serventes, que parecem nunca ter sido perseguidos. Então, aparentemente quarenta mil pessoas caíram em esquecimento e desapareceram, como as bruxas mais tarde. Um ponto curioso sobre essa perseguição é que os padres Templários nunca foram acusados. Se há alguma verdade nas acusações 3 e 7, isso só poderia ser trabalho dos padres. Dizia-se que eles mandaram o ladrão à cruz, que provavelmente era Barrabás – certamente uma pessoa improvável para ser transformada em um deus. Outra história é que eles chamaram Cristo de ladrão porque Ele dizia ser o Filho de Deus, mas era o Filho do Homem. Se eles tivessem falado do mentiroso ou do fingidor na cruz, essa história faria mais sentido.

Na verdade, acho que não há dúvidas de que se tratava de um caso de "aqui estão pessoas saudáveis que podemos saquear", e tirou-se vantagem do fato de alguns desses cavaleiros serem suspeitos de seguir uma antiga religião. Porém, muitas falsas acusações foram trazidas ao mesmo tempo, primeiro por causa de um mau entendimento quanto à importância de alguns ritos, mas principalmente porque, se a verdade fosse conhecida, a maior parte da opinião pública estaria em favor dos cavaleiros.

Acusações eram feitas, por vezes, devido ao mau entendimento de algumas cerimônias, etc. Por exemplo, os romanos acusavam os primeiros cristãos de ser canibais, porque em seus encontros dizia-se que eles comiam a carne e bebiam o sangue de seu Deus! E durante a Primeira Guerra Mundial a polícia turca atacou a Igreja inglesa de Jerusalém, arrancou o altar e escavou todo o solo, porque ouviram que o sacerdote encarregado tinha recentemente feito dois cânones no altar* – cânone tinha apenas um significado para eles.

Uso de uma corda de significado herético. Para escritores modernos sobre os Templários, essa sempre pareceu uma acusação curiosamente sem propósito, em uma época em que todos os monges usavam um cordão ou cinto semelhante. Mas, embora os inquisidores possam ter sido canalhas, certamente não eram tolos. O modo como se preocuparam com essa acusação mostra que seu objetivo era desacreditar os Templários com a opinião pública, de modo a causar o esquecimento de seus grandes serviços à cristandade. Então, era óbvio que esse cordão ou cinto era tido como, no mínimo, não ortodoxo. *A Crônica de St-Denis* afirma enfaticamente: "Nesses cintos estava sua *maomeria*". Isso poderia significar que eles eram secretamente maometanos; mas culpá-los de abraçar o maometismo teria sido a acusação mais danosa, e tal nunca foi levantado. Naqueles tempos, Mammot era o termo usado para denotar um boneco ou um ídolo e *maomeria* significaria "fazer coisas com ídolos". Dizia-se que usavam essas cordas para atar a caveira ou a cabeça de cadáver que adoravam. Para uma bruxa, atar uma caveira pode ter um significado. Parece claro que os Templários davam importância àquela corda. Nas *Crônicas de Cipro,* ouvimos que o servo de um Templário removeu (roubou?) o cinto de seu mestre. Quando o Templário descobriu aquilo, imediatamente matou seu servo com sua espada. Ainda, um forasteiro diz ter ouvido um Templário instruindo alguns noviços, dizendo a eles que guardassem bem aquelas cordas, usando-as ocultas sob os trajes, pois por intermédio delas eles podiam chegar à prosperidade.

Tudo isso pode se aplicar à corda consagrada que as bruxas possuem e usam de muitos modos. Todas as que vi eram coloridas, comumente vermelhas, embora eu tenha visto outras cores. Elas lhe dão valor como a seus outros instrumentos de trabalho e naturalmente ficariam muito aborrecidas se alguém removesse (roubasse) algum deles.

Deve-se notar que nessa época a Igreja acusava as bruxas de "conjurar tempestades, sacrifícios humanos e uso de cintos". Uma curiosa combinação!

Estou proibido de contar os usos que uma bruxa faz de seu cordão, e duvido que a Igreja soubesse, ou eles o teriam mencionado nos julgamentos. Ou talvez eles o soubessem e não quisessem que esse conhecimento se tornasse público.

Pode ser tudo mera coincidência; apenas o citei para mostrar em que algumas bruxas acreditam atualmente. Por mim, nada vejo de impossível nisso. Não se sugere que os Templários fossem membros do culto das bruxas, simplesmente que alguns deles possam ter tido lembranças de um antigo culto de morte e ressurreição e, mesmo sendo mais ou menos cris-

---

* N. do T.: canon, *em inglês, quer dizer tanto 'cânone' como 'canhão' (*cannon*); o trocadilho é intraduzível.*

tãos, ainda tinham tendências para ele e possivelmente praticavam alguma magia a ele ligada.

Deve-se lembrar que os noviços eram proibidos de falar de qualquer coisa que acontecesse durante sua iniciação, *mesmo para um outro membro*. Se eles fossem apenas proibidos de falar com forasteiros, poderia ser simplesmente como os maçons e outros, que têm ritos secretos de iniciação; mas sendo os noviços proibidos de comparar observações, pareceria que nem todos os pontos da iniciação seriam mostrados a todos os noviços ou, alternativamente, que várias explicações eram dadas sobre a mesma cerimônia. Provavelmente certos comandantes favoreciam os deuses mais antigos e poderiam introduzir certas práticas, e o fato de que em muitos casos os noviços disseram ter sido ameaçados por espadas para fazê-los prosseguir na cerimônia apontaria nessa direção. Pode ser também que houvesse um círculo interno na Ordem que pegava alguns noviços como membros preferenciais que poderiam trabalhar com magia: em outras palavras, pessoas que tinham poderes mediúnicos. Esses não deveriam necessariamente ser atraídos pela antiga fé e precisavam de um certo "susto" antes de realizar certos atos, tais quais cuspir na cruz. Após fazê-lo, o noviço provavelmente se sentia um excomungado e mais fácil de ser manejado para obedecer às ordens do círculo interno. Essa teoria explicaria que aparentemente a maior parte dos cavaleiros não conhecesse essa prática nem tivesse visto a cabeça ou caveira, mas tenha ouvido que outros as haviam visto. Ou é possível que durante a cerimônia certas coisas que eram feitas não seriam notadas se a atenção do noviço não fosse despertada para aquilo. Se o Grande Mestre ficasse por um minuto ou dois com os braços cruzados no peito, quem o notaria? Mas se lhe dissessem que naquela posição ele representa o Deus da "Morte e o que está além", por meio do qual haveria a salvação, ele seria notado e isso poderia ser interpretado pela Igreja como o pensamento de que não havia esperança de salvação por intermédio de Cristo, ou ainda, de que seria possível ter uma pós-vida feliz e a regeneração sem a Sua ajuda.

Se lhe mostrassem uma cabeça ou uma cabeça de cadáver depois, dizendo que representa Deus e que se deveria reverenciar aquele objeto, isso pode ser tomado como adoração de um ídolo pela Igreja. Se a outro noviço mostrassem a mesma caveira e dissessem que era simplesmente um emblema da mortalidade ou a cabeça de um santo, o padre mais ortodoxo não poderia objetar.

Há algumas evidências de que essas caveiras existiram. Algumas foram encontradas, uma delas em Paris.

Há uma curiosa história templária sobre uma caveira que trouxe boa sorte ou fertilidade. Uma nobre dama de Maraclea era amada por um Templário, um senhor de Sidon; mas ela morreu e foi enterrada. Tal era a força do amor do cavaleiro que ele desenterrou o corpo e o violou. Quando uma voz lhe disse que voltasse em nove meses, ele obedeceu e encontrou *uma caveira entre as pernas de um esqueleto* (um crânio e ossos cruzados). A mesma voz lhe disse para "guardá-la bem, pois era o doador de todas as coisas". Tornou-se seu gênio protetor e ele venceu seus inimigos e ganhou grande saúde. Mais tarde, ela tornou-se propriedade da Ordem. E por meio dela a Ordem ganhou sua força e poder. Os escritores dizem que essa parece ser uma narrativa distorcida de uma cerimônia da Morte e Ressurreição, talvez vista por alguém de fora.

Há muitas lendas antigas sobre cabeças ou crânios: a de Bran, o Ferido, no Mabinogion, a Cabeça Sangrenta na História de Peredur e outras, todas portadoras de vitória e prosperidade, remanescentes das velhas lendas de Adônis e Astarteia e de Hórus, que foi gerado pelo morto Osíris.

Os Templários podem ter experimentado práticas que, embora sendo heresias para uma bruxa, foram fundadas em seus métodos. As bruxas ensinam que para trabalhar com magia é preciso começar com um casal, pois é necessária uma inteligência masculina e feminina; eles devem estar em sintonia um com o outro; e elas acreditam que durante a prática eles gostam um do outro. Algumas vezes é indesejável que eles possam apaixonar-se. As bruxas têm métodos com os quais tentam evitá-lo, mas nem sempre têm sucesso. Por essas razões, segundo elas, a deusa proibiu estritamente um homem ser iniciado ou trabalhar com outro homem, ou uma mulher ser iniciada ou trabalhar com outra mulher, sendo as únicas exceções um pai que inicia o filho e a mãe, a filha, como dito acima; e a maldição da deusa pode cair sobre aquele que quebrar essa lei. Elas acham que os Templários quebraram essa lei e trabalharam com magia, homem com homem, sem saber o modo de evitar o amor; e eles pecaram e a maldição da deusa caiu sobre eles.

De meu próprio conhecimento, usar os métodos das bruxas pode muito bem causar uma afeição que talvez leve a um "caso", se não for suprimido desde o começo. Mas isso significa fazer duas coisas ao mesmo tempo, tentar produzir simpatia e simultaneamente evitar qualquer afeição natural; é muito mais fácil fazer só uma das coisas. Na época da guerra, os Templários podem ter-se esforçado apenas para uma coisa, não conhecendo ou não se importando com as consequências.

Os Templários tinham muitos privilégios peculiares. Tinham seus próprios padres, que eram inteiramente independentes do bispo local, tendo de responder apenas ao papa. Os Templários confessavam seus pecados uns aos outros e se davam absolvição, sendo às vezes surrados; isso significa que nenhum ensinamento não ortodoxo poderia escapar de lá. Não há razão para dizer que no princípio os Templários eram não ortodoxos; o que deve ter acontecido é que, devido a circunstâncias peculiares, essa ordem foi organizada de modo que doutrinas secretas podiam ser ensinadas com segurança, enquanto que o livre pensamento era fortemente abafado. Eu deveria imaginar que a maior parte dos padres Templários sabia o que os ritos significavam, porque, por exemplo, os noviços eram total ou parcial-mente despidos.

O número três representou uma parte muito importante nas vidas dos cavaleiros. Por exemplo, diz-se que o Beijo Ritual e a negação simbólica da cruz ocorriam três vezes durante as cerimônias. Há muitos outros casos do uso dos números três, cinco e oito que ocorrem nos costumes Templários, o que sugere que esses números tinham um significado especial para eles.

A mais curiosa das acusações contra os Templários, e que parece ter algum fundamento, é a de pisotear ou cuspir na cruz e a negação de Cristo. Sua importância parece ter sido pouco compreendida pelos cavaleiros e explicações diversas foram dadas a diferentes pessoas. Petrus Picardi disse aos inquisidores que era um teste de fidelidade e, se tivesse sido bravo o suficiente para se recusar a fazer como lhe disseram, ele teria sido enviado diretamente para a Terra Sagrada; isso também prova que eles e outros eram ameaçados com a morte se não o fizessem. Gouarilla, preceptor de Poitou e Aquitânia, disse que a negação era uma imitação da tripla negação de Cristo feita por São Pedro. Outras desculpas foram dadas por cuspir e pisar na cruz.

Diz-se que algumas vezes essa cruz era um crucifixo, em outras uma cruz cavada ou pintada no solo, o que de novo apontaria para o fato de cada homem ser iniciado de um jeito e cada rito ser diferente de outro. Mas em todos os casos parece ter sido um severo teste de obediência da parte do noviço, como vez ou outra lemos que outros cavaleiros o ameaçavam com espadas afiadas para que ele o fizesse, e ele apenas o fazia para salvar sua vida.

A acusação nº 4 parece mostrar que noviços foram realmente mortos quando se recusaram a obedecer, embora esse ponto não pareça claramente provado.

A forma das igrejas Templárias, circular por fora, octogonal por dentro, é peculiar a elas. Diz-se que foi copiada da Mesquita do Domo em Jerusalém, que era tida como o Templo de Salomão, e é mesmo possível que isso possa tê-los influenciado; mas os Templários, dentre todos os Cruzados, eram os que tinham mais relações com os habitantes da Palestina; eles deveriam logo ter aprendido quando e por quem aquela mesquita fora construída; ou seja, por Omar, tendo sido sempre conhecida como Mesquita de Omar. Então, parece-me que essas igrejas foram construídas com algum objetivo ritual especial, que envolvia trabalhar em um círculo. Pode-se notar que o Grande Mestre dos Templários sempre trazia uma Vara de Ofício, coroada por um octógono. Nunca ouvi nenhuma sugestão sobre o significado disso.

Sugiro que os ritos realizados por vezes podem ter incluído circunva-lação em torno de um ponto central ou altar, incluindo uma forma dramática de morte e de ressurreição ou regeneração, ou uma visita ao submundo, e um pacto ou aliança com o Deus da Morte e O Que Está Além, e o *ponto no centro do círculo* deve ter tido um grande significado para eles. Também o número oito era de alguma significação. Diz-se que é simplesmente porque a Cruz Templária tinha oito pontos; mas não pode ser por eles reverenciarem o número oito que deram à sua cruz oito pontos?

Outro grande "sagrado" Templário era o Cálice, a Taça. Como eu já disse, as bruxas reverenciam também a taça, o que parece datar dos tempos dos antigos cultos de fertilidade. É um fato curioso que a Igreja desprezasse e desencorajasse a história do Santo Graal, embora eles não pudessem evitar que se tornasse popular como um "romance". As versões originais apareceram por volta de 1175 a 1125; então a fonte de fornecimento parece ter-se esgotado. Teria sido pressão da Igreja? Dali em diante, os escritores simplesmente fizeram releituras dos antigos materiais, adicionando histórias do rei Artur e seus cavaleiros, etc.

O Graal é uma espécie de objeto sagrado ou talismã. Traz fertilidade à terra e assim alimenta seus adoradores. Tem muitas formas, mas é sempre um objeto de fertilidade e um provedor de alimento. Tem cinco formas:

1. Um relicário.
2. O prato ou copo usado na Última Ceia.
3. Uma jarra ou garrafa na qual São José recebeu o sangue das chagas de Cristo.
4. Uma pedra sagrada ou talismã.
5. O cálice da eucaristia.

Em todos esses casos, porém, parece não haver substância material, mas ter vindo de uma espécie de quarta dimensão, para a qual suavemente retornou. Será que poderíamos dizer que veio e retornou do lugar *entre os Mundos*, algo como o Círculo das Bruxas?

Dizemos que o Graal é um mistério que não deve ser revelado ao não iniciado. *The High History of the Holy Grail* diz que o Graal apareceu de *cinco maneiras diferentes, das quais nenhuma se deve contar, pois das coisas secretas do Sacramento ninguém deve falar abertamente, mas apenas àqueles a quem Deus as deu.* Será que isso não aponta um sentido interno na história do Graal, ou seja, que o significado do objeto sagrado variava de acordo com a compreensão do iniciado, ou deveríamos dizer que diferentes explicações sobre os significados dos objetos foram dadas em altos graus de iniciação e que a explicação mais exterior era o Cálice, mas que em tudo havia a implicação do "alimento" e da fertilidade?

Há indicações de que a Igreja sabia ou suspeitava de algum rito secreto entre os Templários que era de natureza fálica, pois com crueldade perversa amarravam grandes pesos a esse órgão quando torturavam os desafortunados cavaleiros, como que para dizer: se seus ritos giram em torno desse membro, nós o torturamos nele para extrair as mais danosas evidências. Os homens do século XV logo entenderam o conceito de "fazer um castigo ajustado ao crime".

Em *Parzival*, de Walfram von Esehenbach, o Graal é uma pedra que está sob a proteção de Cavaleiros Templários escolhidos pela própria pedra.

Na pedra apareceram escritos os nomes desses guardiões quando ainda eram crianças (isso não apontaria para noviços iniciados ainda crianças em um culto, como o culto das bruxas?). Da mesma forma, a pedra escolhe uma esposa para o rei, a única com quem lhe será permitido casar (Sacerdotisa do Culto?). Essa pedra traz alimento a seus adoradores. Na versão de Diu Crone, Gawain termina a busca, formula uma questão há muito esperada e por meio dela devolve à vida o guardião do rei, que estava *morto*. Não é um motivo de regeneração ou reencarnação?

High History também diz:

"Após isso, vieram dois padres à cruz e o primeiro ordenou a *Sir* Pereeval que se afastasse da cruz"; e quando ele o fez, "o padre se ajoelhou diante da cruz e a adorou, arqueou-se e a beijou mais de vinte vezes e manifestou a maior alegria do mundo. E o outro sacerdote veio e trouxe uma grande vara e empurrou o primeiro padre para o lado à força, e *bateu na cruz* com a vara em todas as partes e vertia lágrimas de grande dor. Pereeval o contemplou com grande admiração e disse a ele, '*Sir*, você não parece um padre. Para que você faz coisa de tão grande vergonha?' '*Sir*', disse o padre, 'não toca a você nada do que possamos fazer, nem deve você decidir disso para nós.' Não fosse ele um padre, Pereeval teria se lançado a ele, mas não teve vontade de lhe fazer nenhum mal. Depois disso ele partiu..."[6]. Mais tarde, o rei Hermit explicou que ambos os padres amavam a Deus igualmente e que aquele que batia na cruz o fazia porque ela havia sido o instrumento de dor e de angústia para Nosso Senhor. Essa explicação não poderia ter sido incluída apenas para explicar e justificar uma cerimônia de beijar e vergastar, ou de enlamear a cruz, tal como se alegava que os Templários faziam? A *High History* foi escrita por volta de 1220; parece mostrar que a cerimônia era antiga e tinha uma explicação legítima aos olhos daqueles que tomavam parte nela. O escritor era provavelmente um padre Templário ou alguém que conhecia e aprovava suas práticas, e possivelmente desejava esclarecer quaisquer rumores que pudessem ter-se espalhado.

Ocorreu-me que as bruxas têm um rito que envolve beijar e então bater em um objeto, com a intenção de carregá-lo de poder. Não é uma cruz e elas não dizem ou pensam que é uma cruz; mas lendo esse relato percebi que um observador a certa distância pode confundir um com o outro. Tem mesmo uma forma de cruz. Se os Templários usavam a antiga magia, eles teriam praticado este rito e rumores poderiam ter-se formado.

O alegado rito templário de poluir a cruz só ficou conhecido no mundo durante a perseguição e o julgamento de 1307, noventa anos depois de *High History* ter sido escrito. Há muitos traços de um culto de fertilidade nas histórias do Graal. Os próprios "sagrados" parecem ter ligação com tais cultos.

---

6. Dr. Sebastian Evans, *The High History of the Holy Grail*, pp. 89, 191.

O Graal, o copo ou cálice, é como o caldeirão céltico. Revivia o morto e trazia a fertilidade de volta à terra. O rei, no *Mabinogion*, deu a Gawain uma espada que a cada dia gotejava sangue. Há uma cabeça e um arpão que goteja sangue em conexão com um caldeirão de fertilidade na aventura de Peredur, que se diz vagamente estar ligado ao assassinato de uma relação de Peredur por bruxas de Glaucesier. Uma espada ou adaga que goteja sangue (ou vinho) em um caldeirão teria grande significado para as bruxas; elas têm também uma tradição de cabeça ou caveira. Será que a história não poderia ser um modo oculto de dar pistas de que um ancestral de Peredur entrara no Círculo da Morte e voltara, de forma que o próprio Peredur era do sangue das bruxas e designado a conhecer o Mistério do Caldeirão? A maior parte dos estudantes concorda que o arpão sangrento é fálico.

No manuscrito *Merlin*, Bibliothèque Nationale 337, há uma procissão do Graal que passa por um bosque cantando: "Honra e Glória e Poder e alegria infinita ao *Destruidor da Morte*". Não seria um canto em honra da Deusa? Ou não poderia ser um disfarce para o canto: "Honra e Glória e Poder e alegria infinita ao *destruidor do medo da morte*"?, ou seja, aos doadores da Regeneração, *Morte e o que está além*.

Jaffet, um cavaleiro do sul da França, relata uma recepção em que lhe mostraram uma cabeça ou ídolo e disseram: "Você deve adorar isto como seu salvador e o salvador da ordem do Templo," e ele foi obrigado a adorar essa cabeça beijando seus pés e dizendo: "Abençoada seja por salvar minha alma". Cettus, um cavaleiro recebido em Roma, dá um depoimento similar. Um Templário de Florença conta que lhe disseram: "Adore esta cabeça; esta cabeça é o teu Deus e teu Maomé", e disse que a adorou beijando seus pés.

Parece que ninguém perguntou como se poderia beijar os pés de um crânio. Isso talvez possa ser explicado por alguns ritos semelhantes à seguinte prática das bruxas: nos antigos tempos dizia-se que "quando deus não estava presente, era representado por uma caveira e ossos cruzados" ("a Morte e o que está além", ou "paraíso e regeneração"). Hoje em dia, essa figura é simbolizada pela Grande Sacerdotisa, de pé com seus braços cruzados para representar a caveira com os ossos em cruz. O adorador beija seus pés, dizendo uma espécie de oração que começa com: "Abençoada seja..." e a intenção que segue é indicada por Jaffet e pelos outros, não sendo as palavras exatamente as mesmas, como seria muito improvável: possivelmente ele falava em francês, que foi traduzido para o latim dos monges e retraduzido para o inglês muitos anos depois: sem dúvida as palavras das bruxas também mudaram. Lembro-me de uma bruxa alemã me dizendo, logo que foi apresentada aos ritos ingleses: "Mas é pura poesia!" Nada rima, mas é bonito, embora muito desigual, o que eu acredito provar que alguém poeticamente inclinado reescreveu grande parte nos últimos duzentos anos.

Durante essa oração à Grande Sacerdotisa, ela abre seus braços na posição do Pentáculo. Ela representa então a deusa, ou regeneração, significando que a oração está garantida. "Então ela é tanto deus como deusa, macho e fêmea, morte e regeneração, poder-se-ia dizer bissexual." Nas ilustrações

GERALD BROSSEAU GARDNER
O autor é diretor do Museu da Magia e da Bruxaria, Castletown, Ilha de Man.

Memorial do Museu da Magia e da Bruxaria, Castletown, dedicado a Margrate ine Quane e seu jovem filho, que foram queimados vivos, acusados de bruxaria em Castletown, a.D. 1617, e outras nove milhões de pessoas que foram para a fogueira sob a mesma acusação.

Representação de um círculo mágico no Museu da Magia e da Bruxaria, Castletown. O desenho do círculo foi extraído de um manuscrito da clavícula do rei Salomão.

de Payne Knight sobre Baphomet, o dito deus Templário, ele é mostrado como sendo macho e fêmea ou bissexual; por vezes uma caveira aparece, por vezes a lua. Se há realmente alguma boa prova de que são esses os deuses Templários, não posso dizer. Pode ser tudo mera coincidência.

A acusação n° 5 é a dos Templários usando cordões ou cintos, com os quais costumavam atar seus deuses-caveiras. Como vimos, a Igreja acusava similarmente as bruxas de usar cordões ou cintos que tinham um significado ritual para elas. Por mim, nada vejo de impossível no fato de Templários os terem usado da mesma forma que as bruxas.

Os Templários vieram dentre os nobres menores, as classes que, sendo bons soldados e por vezes doando grandes somas à Igreja, andavam frequentemente às turras com ela; e pelo menos algumas dessas classes tinham uma ligação com bruxas ou fadas. Quando a cristandade foi vencida pelo paganismo e os Cruzados, após seus esforços, foram expulsos da Terra Santa, houve naturalmente um período de decepção dentro da cristandade, um sentimento de que Deus e o Cristo haviam falhado com eles. Durante sua longa associação com o Oriente, os Templários devem ter-se tornado mais tolerantes e mais liberais que seus conterrâneos que ficaram em casa, e pelo menos alguns podem, em seu retorno à Europa, ter sido tentados a se juntar às únicas pessoas com quem eles realmente poderiam falar livremente, pessoas com as quais eles já haviam tido associações na juventude; podem ter experimentado práticas que, embora pareçam heresia a uma bruxa, foram inspiradas em seus métodos.

Acho que é forçado sugerir qualquer conexão entre a caveira com os ossos e a alegada prática templária de cruzar as pernas, pois diversas tumbas do período nos mostram cavaleiros com suas pernas cruzadas, incluindo alguns que não eram Templários e que nunca haviam estado na Terra Santa. Claro que isso poderia simplesmente simbolizar a cruz, mas não seria mais reverente fazê-lo com os braços? O deus Mithra é frequentemente mostrado com dois criados com tochas, que usualmente têm suas pernas cruzadas. Esse era um culto típico de soldados e pode referir-se tanto aos Templários como a outros; mas não encontrei nenhuma conexão.

CAPÍTULO VII

AS BRUXAS E OS MISTÉRIOS

Afinidades das bruxas com o Vodu e os antigos Mistérios – a "Villa dos Mistérios" de Macchioro – o novo nascimento é a identificação do si-mesmo com a divindade – os pequenos e grandes Mistérios foram o centro da vida grega por 1.100 anos – um relato da Villa *e oito estágios da liturgia revelados por pinturas – a essência interna de todos os Mistérios é a mesma – as danças selvagens mostram a felicidade – efeitos duvidosos da derrota das danças tribais africanas – corrupção dos Mistérios pelos romanos – menção dos mistérios por Platão, Tales e Stoboeus – a felicidade dos povos antigos é atribuível a esses cultos.*

Sempre acreditei que as bruxas pertencessem a uma Idade da Pedra independente, cujos ritos eram uma mistura de superstição e realidade, sem ter conexão com qualquer outro sistema. Mas durante minha curta estada em New Orleans, embora não tenha conseguido travar contato com o Vodu, percebi algumas semelhanças suspeitas que me fizeram pensar que o Vodu não fosse somente africano na origem, mas tenha sido composto na América, fora da bruxaria europeia e da mitologia africana; e quando visitei a *Villa* dos Mistérios em Pompeia percebi grandes semelhanças no culto. Aparentemente, essas pessoas usavam os processos das bruxas. Eu sei, é claro, que antigos e modernos escritores concordaram que os mistérios gregos de Dioniso, Zeus, Orfeu, Zagreu e Elêusis eram similares; então, cada mistério tinha diferentes ritos e mitos, mas eram os mesmos, o que deve significar que eles tinham algum segredo interno.

Em seu instruído trabalho *A Villa dos Mistérios*, o professor Vittorio Macchioro diz o seguinte sobre o assunto: "O mistério é uma forma especial de religião que existia entre todos os povos antigos e, entre os povos primitivos, conserva ainda uma importância muito considerável. Sua essência é a palingenesia mística, ou seja, uma regeneração trazida pela sugestão. Em seu mais perfeito estágio, a palingenesia é uma verdadeira substituição da personalidade: o homem é investido da personalidade de um deus, um herói ou um ancestral, repetindo e reproduzindo os gestos e ações a ele atribuídos pela tradição".

Apenas as deidades que, tendo sua própria história mítica, dão à luz em si mesmas os elementos do novo nascimento, Deméter, Dioniso, Ísis, Átis e Adônis, podem conferir a palingenesia, a identificação do si-mesmo com a Divindade, devido à concepção especial que os gregos tinham das relações entre vida e morte. O postulante passava pelo mito divino, revivia a vida do deus e passava, com o deus, do lamento à alegria, da vida à morte. O professor Macchioro dá o seguinte relato:

"Todos os mistérios se operavam da mesma maneira. Consistiam em um drama sagrado e em uma série de atos rituais, que reproduziam os gestos e ações atribuídos à Divindade. Esse é o princípio da eucaristia, comer o pão e beber o vinho para identificar-nos com Seus atos. Não era um drama objetivo, mas subjetivo, sendo a repetição daquilo que, de acordo com a tradição, fora feito por Deus. Era guiado por instruções preliminares, aumentadas em efeito por visões e sugestões extáticas, conduzindo o iniciado, ele próprio um ator, à comunhão com Deus. Os dramas se tornavam um verdadeiro acontecimento na vida do homem, como o sacramento, transformando-o completamente e assegurando-lhe a felicidade após a morte. Antigamente, o mistério era uma cerimônia puramente mágica, mas com o tempo adquiriu conteúdo moral e espiritual. As religiões de mistério tinham enorme influência na consciência grega, habilitando-a a compreender o valor da mensagem cristã.

"O orfismo foi a mais importante delas, tendo seu nome derivado de seu alegado fundador. Era uma forma particular da religião orgiástica e extática que originou o culto a Dioniso e consistia em reviver em seu mito. Zagreus, o filho de Zeus e Korè (Perséfone), é assassinado por instigações de Hera com os Titãs, que o cortaram em pedacinhos e o devoraram, exceto seu coração, que Atenas salvou e do qual nasceu, como filho de Zeus e Semelè, o segundo Dioniso. A palingenesia aqui consistia em morrer e nascer de novo em Zagreus. A espécie humana nasceu das cinzas dos Titãs, fulminados pelos raios de Zeus como punição por seu crime. Por isso, todos os homens sustentam a carga do crime dos Titãs; mas como os Titãs haviam devorado Zagreus, o homem tem também dentro de si a natureza de Dioniso. Os teólogos dizem que é da natureza titânica inata no corpo que o homem deve se libertar para se reunir com a natureza dionisíaca pela interferência dos mistérios. Dessa forma, o Mistério órfico ganhou um importante significado moral e espiritual e exerceu grande influência em almas eminentes como Heráclito, Píndaro e Platão; quando o cristianismo se difundiu, foi o orfismo que forneceu as bases para a teologia paulina.

"O orfismo logo entrou em contato com o culto rural de Elêusis, cujos mistérios eram celebrados sem elementos extáticos e orgiásticos. O contato com o orfismo transformou o culto, adicionando o elemento da redenção; da fusão nasceram os Mistérios de Elêusis, como foram conhecidos na Antiguidade. Estes consistiam de duas partes: o órfico, girando em torno de Zagreus e celebrado em Agrai, um subúrbio de Atenas, e chamado 'pequenos Mistérios'; e o eleusiano, girando em torno de Deméter e Korè, celebrado na própria Elêusis e nomeado 'grandes Mistérios.' O primeiro era a preparação necessária para o último; conferia a palingenesia em Zagreus, a nova vida que tornava o iniciado merecedor de ter acesso ao mais alto ensinamento dos grandes mistérios.

"Protegidos pelo Estado, glorificados por artistas e poetas, eles eram o centro da vida grega e floresceram ininterruptamente do oitavo século a.C. ao ano 396 d.C., quando Elêusis foi destruída por monges. Os segredos, protegidos por leis, foram respeitados; conhecemos tão pouco dos pequenos Mistérios quanto dos grandes, a visão suprema que coroava a série de cerimônias no último dia. Os estudiosos fazem repetidos esforços para descobrir o que aconteceu até que a *Villa* dos Mistérios fosse descoberta. Ela fica na Rua das Tumbas, em Pompeia, fora do Portão Estabiano, e é dividida em duas partes separadas por um corredor. A parte nordeste é como uma casa comum de Pompeia; a parte noroeste é peculiarmente arranjada. A porção central é formada por um grande vestíbulo decorado com afrescos e chega-se a ele pelo corredor, passando por duas salinhas, entrando-se pelo vestíbulo por uma pequena porta lateral; o caminho de saída é uma larga porta que se abre para um terraço. Esse grande vestíbulo foi originalmente um *triclinium* (sala de jantar) e as duas salinhas eram *cubiculi* (dormitórios); tudo sofreu alterações para adaptá-los a uma proposta diferente daquela a que se destinavam. As pinturas contêm a resposta, pois elas se estendem ao longo de todas as paredes do vestíbulo, sem contar os cantos e aberturas. Contêm 29 figuras, quase em tamanho natural, vestidas no estilo e segundo o costume dos gregos e assemelhando-se a pinturas áticas do século V a.C.

"É evidente que é um ato só dividido em vários episódios, contando a história de uma figura velada de mulher que aparece em todos os episódios. A história é uma série de cerimônias litúrgicas pelas quais a mulher é iniciada no Mistério órfico e atinge a comunhão com Zagreus.

"1. A liturgia começa com uma donzela que, ajudada por um criado e dois jovens rapazes (um deles segurando um espelho diante dela), e supervisionada por uma sacerdotisa, está preparando seu enxoval de casamento. Ela está envolvida no *sindon*, um véu ritual que era posto nos neófitos dos mistérios; ela é a noiva mística, a catecúmena, preparando-se para celebrar, sob o símbolo do matrimônio, sua comunhão com Dioniso. É ela a protagonista de toda a liturgia.

"2. Envolvida no *sindon*, a donzela reverentemente se aproxima de um jovem nu evidenciado como um sacerdote pelas botas dionisíacas que veste. Este *embades*, sob a terna direção de uma sacerdotisa, está lendo uma declaração ou ritual de um rolo, de forma que a neófita possa conhecer as regras, ou talvez o significado da iniciação.

"3. Dessa forma instruída e habilitada para compartilhar do rito, a donzela, ainda envolvida no *sindon* e agora usando uma coroa de mirto, anda para a direita segurando um prato ritual com alimento em fatias para tomar parte em uma refeição lustral. Diante de uma mesa sacrificial está sentada uma sacerdotisa com dois criados; com sua mão esquerda ela descobre o prato trazido por um dos criados e em sua mão direita ela segura um galho de mirto em que o outro criado, que coloca na cintura dela um rolo ritual, está derramando uma libação por meio de um *oenochoe*. Este é o *agape* lustral que deve ser celebrado antes da comunhão, como era o costume na cristandade primitiva.

"4. Após a celebração do *agape*, a neófita é merecedora de um novo nascimento, representado alegoricamente. Um sátiro e uma sátira estão sentados; um fauno está esticando seu focinho em direção à sátira, que oferece o seio; à esquerda, o velho Sileno entra na cena tocando extaticamente uma lira. No mito, Dioniso criança foi transformado em cabrito para escapar à fúria de Hera. Esse cabrito que é amamentado simboliza a infância de Dioniso, e Sileno está presente por ser o pedagogo de Deus; a cena representa simbolicamente o novo nascimento da neófita. Ela nasceu de novo em Zagreus sob a forma de um cabrito, o que explica por que, nos tabletes de ouro enterrados com um iniciado em Sibaris, está gravada a alma do morto aparecendo diante de Perséfone e dizendo: "Eu nasci novamente".

"5. A neófita renasceu em Zagreus; começou a viver a vida do deus, mas terríveis provas a esperam. Sileno, sentado em uma coluna, mostra a ela uma caixa de prata hemisférica, na qual um jovem está deitado em êxtase enquanto o seu companheiro segura no alto, atrás dele, uma máscara dionisíaca. Sileno se volta para a neófita, identificada pelo *sindon*, e mostra aquilo que visivelmente a enche de terror. Ela se encolhe como quem quer fugir e faz o gesto de alguém que quer expulsar de seus olhos a terrível visão. A caixa hemisférica na qual o jovem está deitado extaticamente é um espelho mágico; ele está fascinado e caiu vítima de um monoideísmo alucinatório e, como acontece em cristalomancia, vê no espelho uma série de visões que têm seu ponto inicial na máscara e na vida de Dioniso. Ele vê desenrolar-se no espelho a vida do deus, vê como foi feito em pedaços e devorado pelos Titãs e, em resumo, vê o futuro destino da neófita, que, se nascesse de novo como uma nova criatura, deveria morrer junto com Zagreus. É essa assustadora morte dionisíaca que ele anuncia à donzela. É uma adivinhação que se está vivenciando e é por meio de Sileno, primeiro o pedagogo e depois o mistagogo de Dioniso, que ela é vivenciada. Além de incluir a anunciação da futura morte da neófita, essa cena envolve outras repetições dos mais importantes gestos atribuídos por mito ao deus: Dioniso, quando criança, observa em um espelho mágico, feito para ele por Hefestos, seu futuro destino. Outra tradição é que os Titãs assassinaram Zagreus mostrando-lhe em um espelho seu próprio rosto desfigurado, distraindo assim sua atenção para poder matá-lo. Como o drama sacramental consistia na repetição das ações do deus para obter, por essa imitação, a comunhão com ele, isso explica por que a neófita, ou o jovem em seu benefício, olha no espelho como Dioniso o fez para se tornar igual a Dioniso e morrer com ele.

"6. A neófita, após receber a anunciação, tornar-se-ia a noiva mística de Dioniso; para representar simbolicamente esse casamento ela está prestes a descobrir um imenso *phallus* que trouxe consigo em um cesto sagrado. Ela o coloca no solo e parece humildemente suplicar o assentimento de uma figura alada seminua, calçada com as botas dionisíacas, com um rolo ritual na cintura e uma vara na mão. É Talateia, a filha de Dioniso, a personificação e executora da iniciação.

"7. Talateia mantém seu gesto com a mão e levanta a vara, enquanto a donzela ajoelha atarantada e terrificada, com o rosto escondido na capa de uma sacerdotisa compassiva, para sofrer a flagelação ritual que substitui e simboliza a morte. Fisicamente ela não morre, mas passa simbolicamente pela morte e morre misticamente, assim como os estigmatistas morrem crucificados em Cristo.

"8. Morta com Zagreus, ela renasceu agora com ele; ou seja, tornou-se uma bacante e não é mais uma mulher, mas um ser humano divino. Nós a vemos agora nua e dançando freneticamente, ajudada por uma sacerdotisa que segura o tirso, o símbolo da nova vida dionisíaca. O espírito de Dioniso desceu a ela. O Homem se tornou Deus e Dioniso está presente, despercebido, no milagre. Observamo-lo no espaço entre a quinta e a sexta cenas, semi-reclinado na capa de Korè, com um pé descalço de acordo com o rito, contemplando com divina indiferença tudo o que o homem pode sofrer por ele. Assim o mistério é visto.

"A Basílica Órfica, o grande salão, era o vestíbulo da iniciação ou *stibade* e nele se entrava pela pequena entrada após os sacrifícios preparatórios terem sido realizados nas salinhas adjuntas, como provado pelos fragmentos de sacrifícios encontrados ali. Após entrar no *stibadium* e receber a iniciação, os neófitos passavam pela larga porta do terraço, onde se poderia supor que havia um banquete em uma celebração festiva do evento. Esse arranjo corresponde ao *Baccheion* órfico descoberto em Atenas. Para formar essa basílica privada, seus organizadores aproveitaram o *triclinium* e os dois *cubicula* adjacentes, rearranjando-os e decorando-os com pinturas apropriadas à sua nova proposta, não tendo sido sem razão o fato de sua localização numa *villa* suburbana. Os Mistérios órficos foram, como sabemos, proibidos pelo Senatus Consultum (De Bacchanalibus) após eles terem dado origem a escândalos; mas o ponto mais curioso é que, de acordo com Livy, esses escândalos aconteceram precisamente na Campania e as iniciações eram femininas e aconteciam de dia. Nossa liturgia nos mostra a iniciação de uma mulher e a enorme janela prova que a iniciação era feita à luz do dia. Essa Basílica Órfica, em tempos passados o lugar secreto de encontro do iniciado, permite-nos hoje penetrar nos segredos dos Mistérios gregos."

Investigações mais recentes mostraram que essa *villa* pertencia a alguém da família imperial; a grande sacerdotisa nos afrescos foi identificada como um retrato da proprietária, embora seu nome ainda não tenha sido averiguado. Mostrei uma foto desses afrescos a uma bruxa inglesa, que a olhou muito atentamente antes de dizer: "Então eles já conheciam o segredo naquele tempo".

Todos esses antigos mistérios tinham muito em comum. Eram frequentemente os meios pelos quais uma pessoa passava de uma classe para outra; tornavam casadoira uma mulher, por exemplo. A maioria, porém, estava ligada a uma vida futura, mas isso era mantido secretamente.

Imagino que todos os sacerdotes dos tempos antigos foram regenerados, tornados santos de modo semelhante, e por vezes também alguns leigos; se isso fazia deles sacerdotes menores, eu não sei. Em Atenas, sabemos que praticamente toda a população grega era iniciada, incluindo os escravos, e que o Estado pagava as taxas dos pobres; mas nenhum estrangeiro jamais foi iniciado e os segredos eram protegidos por lei, pois achavam que isso era necessário para o bem do Estado. Também sabemos que eles mantinham secretos os nomes dos deuses.

Escritores cristãos estavam acostumados a falar desses mistérios como orgias, e Chesterton, falando das *Bacantes* de Eurípides, diz: "Hoje em dia, imaginem o primeiro-ministro indo com o arcebispo de Canterbury dançar com belas desconhecidas em Hampstead Heath". Mas eles o faziam porque os deuses queriam e não apenas por prazer, embora sem dúvida eles gostassem daquilo. Hoje em dia as pessoas se chocariam pensando que eles gostavam daquilo, ou mesmo que eles tomavam ar fresco e faziam exercício com a prática, como os judeus ficaram altamente chocados por Cristo violar o Sabbath.

Há uma história de que o padre Lachaise absolveu o rei Luís XIV com as menores penitências por massacres a sangue-frio e coisas do tipo, que ele achava perfeitamente natural praticar; mas ficou extremamente chocado e deu uma penitência pesadíssima porque, após uma batalha, Luís comeu uma torta em uma sexta-feira, sem saber que havia pedacinhos de carne nela.

Logo, quando os antigos escritores que foram iniciados dizem que "todos os mistérios são o mesmo", certamente isso queria dizer que a essência interna era a mesma. Um pagão, examinando as várias seitas cristãs, católicos, romanos e ortodoxos, presbiterianos, metodistas e Igreja das Igrejas da Inglaterra, diria que no cerne são todas a mesma. Eles todos adoram o Deus Trino, o Pai, o Filho e o Espírito santo, embora alguns prestem mais honras à Virgem e aos Santos que outros. As pessoas que cultuam dessa forma são no geral boas e merecedoras e, obviamente, não cultuariam assim se a religião fosse má; dessa forma vemos que, já que os maiores e melhores homens do mundo antigo pertenciam aos iniciados, podemos estar certos de que os mistérios não eram apenas orgias. Realmente sabemos, como mostrado acima, um pouco sobre o que eles eram. Lewis Spence, em sua *Occult Enciclopaedia,* diz:

"Pinturas, mosaicos e esculturas mostram as iniciadas nuas, uma carregando milho, outra fogo, algumas, cestas sagradas com serpentes, mulheres, ou deusas, iniciando os homens... estes eram cultos secretos em que algumas pessoas eram admitidas após preparação preliminar... Depois dessa comunicação ou exortação mística (a Declaração), a revelação de certas coisas sagradas, então a comunhão com a Deidade... mas os mistérios parecem girar em torno da representação semidramática de uma peça de mistério da vida do deus."

Acho que é, ao menos, plausível acreditar que tudo aquilo não era apenas representação, mas que havia uma séria razão por trás. Que eles acreditavam que, enquanto os deuses os quisessem bem, eles não eram todo-poderosos, que eles precisavam da ajuda do homem; que realizando certos ritos o homem lhes dá poder; também que os deuses desejavam que os homens fossem felizes e que os atos que davam prazer aos homens davam aos deuses alegria e poder, que eles poderiam aplicar em uso próprio assim como em benefício do homem.[7]

As danças selvagens mostravam que os deuses queriam que o homem (incluindo o primeiro-ministro e o arcebispo de Chesterton) fosse feliz, e não que fosse puritano. Essa dança extática também produzia poder e visões do futuro, algumas das quais se tornavam verdade. Por essa razão, os ritos eram valorizados pelo Estado e protegidos por lei, de forma que nenhum estrangeiro pudesse vir a conhecê-los. Evidentemente, os sacerdotes e sacerdotisas que podiam prever o futuro, embora de maneira turva, e que poderiam acalmar os mais perigosos políticos e fazê-los trabalhar para o Estado em vez de se esforçar para corrompê-lo, eram os mais valiosos. Por outro lado, se a existência desse poder fosse conhecida, o segredo poderia ser descoberto e usado por inimigos, para causar um rompimento político como um senso de pacifismo ou a rendição do inimigo.[8]

Novamente repito que não afirmo que eles pudessem de fato fazê-lo; estou dizendo que as bruxas acreditam que elas próprias podem e acho que as pessoas em Atenas, em altos postos, tinham crenças similares. Pois pessoas em todo o mundo são capazes de fazer certas coisas e acreditam em determinadas coisas em certas circunstâncias, e, como essas crenças podem ocorrer independentemente, mesmo sendo muito semelhantes, suspeito de uma conexão. Espero que muitas pessoas ataquem essa visão e realmente e desejo que o façam. Discussão e crítica são os únicos meios de chegar a uma conclusão satisfatória.

O primeiro e maior argumento contra meu ponto de vista será, eu acho, a crença de que "para ganhar poder e fazer as pessoas parar de pensar em suas misérias, os sacerdotes e reis encorajaram os maiores excessos". Na África de hoje em dia, a ação de missionários e do governo, esmagando as grandes danças tribais, são tidos como responsáveis pela intranquilidade política e pelas campanhas de assassinato. E é certo que os mistérios tornaram a população feliz e quieta. É de conhecimento de todos que por vezes havia orgias entre eles; ninguém tenta negar os fatos; mas se eles são ou não mais que boêmios ainda é um ponto controvertido. Algo, usualmente vinho, era bebido, mas creio que por lei deviam ser duas partes de vinho e três partes de água, e não se pode aumentar muito a libertinagem desse modo. Eles dançavam freneticamente e é possível que algum tipo de casamento sagrado

---

7. *Os deuses precisavam dos adoradores como os adoradores precisavam dos deuses. Suas energias reprodutivas eram recrutadas, então o homem tinha de sacrificar a eles o que fosse mais másculo no homem.*
8. *Jâmblico, em seus* Mistérios, *diz: "Se alguém sabe como, pode pôr em movimento forças misteriosas que são capazes de contatar a vontade de outro, direcionando suas emoções como o operador deseja; isso pode ser feito com a palavra falada. Cerimônias propriamente realizadas, ou que procedem de um objeto apropriadamente carregado de poder, são chamadas de mágicas."*

se realizasse, mas consistia principalmente em longos serviços religiosos e em prolongadas e cansativas procissões.

Esses não são segredos protegidos por lei, ou proibidos de ser vistos por criminosos ou estrangeiros. Hoje em dia seria diferente. A imprensa se concentraria nas partes quentes; o país se movimentaria em torno disso; todo tipo de união das mulheres, conselhos do país e sociedades de proteção ao Dia do Sabá entrariam em acordo e toda a maquinaria da lei seria movimentada para evitá-lo. Mas naqueles dias ninguém teria pensado em nada disso! Qualquer um podia ter uma orgia na própria casa. Qualquer um tinha liberdade de abrir uma boate em casa, ter quantas belas escravas lhe agradasse para distrair os convidados; não havia absolutamente nenhuma inibição, sendo que o resultado era que cada um, após fazer suas loucuras de mocidade, repousava em uma vida pacífica de casado, tendo à mão muitos lugares onde pudesse liberar a pressão se quisesse. Imagino que não foi por causa de repressões que todo o povo se uniu; e elas não eram motivo para fugir das esposas, pois houve esposas e filhas e avós e sogras e todas guardaram segredo; e isso continuou por cerca de mil anos. Quando os mistérios vieram a Roma, é verdade que criminosos conseguiram infiltrar-se neles e que houve problemas; removendo-os, o culto continuou bem. Infelizmente, os romanos eram grandes glutões e bebedores e bebiam comumente vinho sem diluir, ao contrário da tradição mediterrânea usual. Mas no todo, os mistérios parecem ter produzido um grande efeito, embora não o mesmo que fizeram na Grécia. Provavelmente, a razão era que, devido aos primeiros excessos e à vinda do cristianismo, os verdadeiros segredos fossem comunicados apenas a uns poucos. Ao menos é o que penso, e eu gostaria de ouvir comentários sobre esse assunto. Mas em seu verdadeiro estado acho que os mistérios eram realmente bons. Porfírio, Jâmblico, Sinésio, todos se referiram a eles e a seus objetos e revelações. "De que a doença do espírito consiste, por que causa está entorpecido, como pode ser clarificado, pode ser aprendido a partir de sua filosofia. Pois pelas abluções dos mistérios a alma se torna liberada e passa a uma divina condição de ser, de forma que a disciplina de bom grado suportada se torna da maior utilidade para a purificação", diz Platão.

Ele continua: "Entrando no interior do templo, imoto e guardado pelos ritos sagrados, eles genuinamente recebem em seu âmago a divina iluminação e, despidos seus trajes, participam da natureza divina". O mesmo método aparece nas especulações de Tales (ver Proclus na teologia de Platão, vol. I, e *Ede anima ae daemona*, Stoboeus, traduzido pelo dr. Warbarton): "A mente é afetada e agitada na morte, da mesma forma que na iniciação aos mistérios, e palavra responde a palavra, assim como coisa a coisa: pois para morrer, para ser iniciado, é o mesmo; com hinos, danças e conhecimento sublime e sagrado, coroados e triunfantes eles andam nas regiões do abençoado".

Mas também se disse: "Os ritos não são igualmente bons para todos;

há mais seguradores de tirso que almas báquicas. Muitos têm o fogo realmente, sem o poder de o descobrir"; ou seja, "nem todos são verdadeiros iniciados". "Quem pode questionar o extraordinário poder da mulher sobre o homem? Por mais que seja questionado ou considerado, esse permanece o irrresistível fator da vida. Esse poder é um dom divino; induz mais do que simplesmente atração sexual. Com qualquer mulher, jovem, bela e vivaz, sua influência para o bem ou para o mal é devastadora. Quando movida por altos princípios e propósitos, a espécie feminina pode elevar e enobrecer o homem". (*A Suggestive Inquiry*, etc., por A. J. Attwood).

Não apenas nos sacrifícios aos deuses geradores, mas na adoração de todo deus em cerimônias religiosas dos gregos e de todos os povos antigos, havia festas alegres e envolventes, danças em honra dos deuses e regozijo geral, com a exceção dos judeus recentes e possivelmente dos egípcios: muitos dos festivais egípcios eram alegres mas alguns não o eram, porque eles tinham muitos e diversos deuses. É altamente provável que os primeiros ritos judeus fossem festivos também, embora os reformadores constantemente se esforcem por abolir toda menção ao assunto, e não há dúvida de que a Bíblia foi alterada indevidamente com esse fim.

Capítulo VIII

Fora da Terra do Egito?

Explicação de Pennethorne Hughes sobre a origem da magia africana e sua transplantação para o Novo Mundo em forma de Vodu – a tradição das bruxas de vir do Oriente – espadas de bruxas – possível ligação com os adoradores egípcios de Seth – elementos similares no culto das bruxas e nos Mistérios – o professor grego fez do homem o modelo para as crenças, não o adaptou a códigos externos.

No livro de Pennethorne Hughes, temos esta interessante passagem na página 23:

"Estudos da magia e rituais na África nos últimos anos estabeleceram, com alguma certeza, que todos os sistemas para a perturbação da consciência praticados pelo negro africano são derivados do antigo Egito. Milhares de africanos foram transportados para o Novo Mundo e muitos dos que vieram para o Haiti a partir de 1512 eram da mais fina descendência africana e talvez carregassem com eles uma síntese dos cultos existentes no Congo. É fácil mostrar como são próximos os paralelos entre o vodu que eles praticavam e a bruxaria medieval. Os Mistérios de Delfos e Elêusis, ou os cultos romanos, têm provavelmente a mesma origem. Dizem que o ritual dos druidas copia o de Osíris; acredita-se que o próprio Odin seja uma versão gelada de Osíris. A bruxaria, em quase todo lugar, teve dois derivativos principais aos quais suas outras influências se ligaram; os cultos de fertilidade que vinham dos habitantes nativos de uma área e as práticas "mágicas" posteriores derivadas por meio de canais diretos ou distorcidos da fonte egípcia centralizadora. A bruxaria, da forma como emerge na história e literatura europeias, representa o antigo culto de fertilidade paleolítico mais a ideia mágica e várias paródias de religiões contemporâneas."

Tudo isso é extremamente interessante para as próprias bruxas. Elas tinham vagas histórias de que o culto vinha do Oriente, a Terra do Sol, combinada com uma história de que aquilo existira desde que a Deusa fora à Terra da Morte. Claro que elas sabem que tiveram contato com vários feiticeiros e sábios e dizem que nos tempos antigos, quando as bruxas eram perseguidas, os feiticeiros não o eram e que eles secretamente utilizavam as bruxas como meio de obter o sucesso em sua arte. Com a ajuda dessas clarividentes, eles faziam sucesso como profetas e, provavelmente, as bruxas tomaram diversas de suas ideias; certamente, algumas de suas ferramentas. Já vi sete espadas de bruxas; destas, quatro aparentemente haviam sido feitas por feiticeiros, de acordo com o padrão prescrito na *Chave de Salomão*, com inscrições hebreias no punho e na lâmina. Há duas no museu de Castletown. Outros implementos trazem inscrições hebreias, de forma que parecem ter conexão com magia judaica ou cabalística. Mas lojas não fornecem para bruxas e uma pobre bruxa tem de conseguir suas ferramentas como pode. Há também aí algumas semelhanças com partes hoje em dia sem importância da maçonaria; mas enquanto o trabalho maçônico parece ser de pouca utilidade, ou, em outras palavras, não funcionar, a prática das bruxas é mais útil. Quem quer que testemunhe a ambas se convence de que uma foi copiada da outra e acredita que o trabalho das bruxas deve ser o original, antes de ter sido "censurado".

A afirmação de que todos os sistemas para a perturbação da consciência usados pelos negros africanos foram derivados do antigo Egito é extremamente interessante, como a sugestão natural de que eles levaram esses poderes com eles para a América. Nos tempos antigos, era comum a navegação no Nilo, descendo para e através do Congo. Sempre pensei nos africanos fazendo sacrifícios humanos e orgias de rum, métodos que acredito serem inteiramente estranhos ao espírito egípcio. Em Nova Orleans me contaram que não eram apenas negros que assistiam aos festivais de Vodu, mas que muitos brancos também o faziam. Era bem sabido que aqueles festivais de Vodu eram realizados às margens de lagos e que policiais eram regularmente mandados para evitá-los. Mas os policiais, em sua maioria irlandeses, procuravam lugares em que não havia festivais e voltavam dizendo nada ter encontrado. Eles iam então aos encontros, despiam seu uniforme e se juntavam à farra. Esta, aliás, é uma piada comum em Nova Orleans. Notei bastante semelhança entre a bruxaria e algumas práticas Vodu. Contaram-me também que havia sido claramente provado que o Vodu não era africano, mas fora inventado nas Índias Ocidentais Francesas por mestiços franceses, a partir da magia europeia, do catolicismo romano invertido e de lembranças misturadas de diferentes religiões africanas. Não posso dizer se isso é correto; mas se alguns desses franceses mestiços tinham uma religião de bruxas, isso explicaria as semelhanças. Por todo o mundo, quando confrontadas com certos problemas, as pessoas são capazes de resolvê-los do mesmo modo. Se o conhecimento agora praticado na África Ocidental derivou do antigo Egito, não há razão para duvidar que algumas práticas de bruxas podem ter vindo da mesma fonte para a Europa por meio dos mistérios gregos e romanos, que parecem ter sido todos derivados do antigo Egito. Imagino que os cultos egípcios fossem muito severos e respeitáveis para ser como as práticas sangrentas usadas por africanos. Penso que Pitágoras, que tem o crédito de ter trazido os mistérios para a Grécia, não era o tipo de homem que tivesse algo a ver com sacrifícios de sangue e outras práticas objetáveis. Mas é plausível que houvesse duas seitas, os adoradores de Seth e os de Osíris, que faziam a alegação: "Há um atalho: se você não pode trabalhar a magia propriamente, você pode obter poder por esse meio". Os escritos de bruxas falam com horror sobre feiticeiros que usam sangue para ganhar poder. Mas o conhecimento mau pode ter acertado o passo com o bom e pode explicar algumas afirmações contra o culto que, inclino-me a pensar, eram libelos cristãos ou vinham de um mau entendimento dos ritos.

Os mistérios, na Grécia ou em Roma ao menos, eram cultos secretos aos quais apenas os iniciados eram admitidos, após terem sido preparados e purificados e passando por provas para atestar seu merecimento. A eles eram também dadas instruções de como conseguir uma vida feliz e satisfatória na terra, conhecer os ensinamentos da irmandade dentro do culto, como conseguir reunir-se com os entes queridos já falecidos, como reencarnar desse modo, e, provavelmente, as maneiras de persuadir os deuses a favorecê-los e garantir seus pedidos; em outras palavras, magia. Cada um dos antigos mistérios de Cabrai, Samotrácia e Elêusis tinha um mito diferente e era dedicado a um deus diverso, Zeus, Dioniso, Orfeu ou outro, e realizava diferentes cerimônias; mas, uma vez que os escritores clássicos dizem que todos os mistérios eram o mesmo, os ensinamentos por trás do mito deviam ser idênticos.

Os ritos tribais da maioria dos povos primitivos incluem a purificação, testes de bravura, instrução em sabedoria tribal, conhecimento sexual, amuletos, conhecimento religioso e mágico e frequentemente um ritual de morte e ressurreição. O culto das bruxas contém a maioria dessas coisas; então, como acreditamos que todos os mistérios eram basicamente o mesmo, os mistérios gregos devem ter ensinado as mesmas coisas. Não seria porque na Grécia esses sistemas tinham muita influência, e mesmo poder político, que a Grécia nos legou tanto? Afinal, outros pequenos estados também deram ao mundo arte e conhecimento. Da Grécia, porém, apesar das constantes guerras e sublevações, Elêusis e seus ensinamentos fizeram uma impressão no pensamento humano que seria difícil subestimar ou erradicar. Como Dean Inge disse: "O que tem a religião dos gregos para nos ensinar que estamos em perigo ou esquecimento? Em uma palavra, é a fé de que a Verdade é nossa amiga e que o conhecimento da Verdade não está além de nosso alcance". Willliam Brend diz, em *Sacrifice to Attis*: "O homem moderno não está livre; ele é empurrado por seus terrores nas direções que o afetam mais vitalmente e ele ainda busca a liberdade dos gregos. Ele o demonstra na maneira em que se empenha em esconder seus temores. Nisso reside sua esperança; pois, embora ele nem tenha liberdade nem a compreenda, ela é seu ideal. Significa criar um padrão de conduta baseado no conhecimento e na verdade, e não em supervisão revelada".

Parece que o sacerdote ou professor grego pegava o homem como era e fazia um código para ele, em vez de o torturar para obedecer a uma ética predeterminada, antecipando portanto o trabalho de C. G. Jung, cujo método era sempre construir, a partir de quaisquer elementos de crença que ele encontrasse em um paciente, um sistema de mito pessoal que mostrasse uma lógica em sua conduta. Qualquer diminuição do impulso para impor padrões de rebanho para o comportamento, segundo Brend, "jamais teve oposição ferrenha, e esse fato não deve ser diminuído mostrando-se a falha da sociedade moderna com suas guerras, doenças, pobreza e crueldade insensata, já que essa oposição irracional é inacessível à argumentação. Vemos o sacerdote romano em seu templo crua e literalmente castrando seus seguidores. Hoje o pai está na Igreja, a escola e o tribunal de justiça estão igualmente destruindo a virilidade de seus filhos por meios menos duros mas não menos efetivos, já que eles são muito difundidos".

Figura de bronze do Deus Chifrudo da Morte em uma atitude ritual, Chipre, em aproximadamente 1.500 d.C.

Retrato do século XVII de um bruxo com o seu familiar (um gato).

Representação de uma pequena sala da bruxa no Museu de Magia e Bruxaria, Castletown, mostrando um altar ritual.

Altar preparado para a iniciação de uma bruxa em um coven do sul da Inglaterra, mostrando inter alia, *incensários, um açoite, uma taça de vinho, pentagrama, bastão, espada, um* aspergillum *para consagração pela água e o livro cerimonial aberto.*

Capítulo IX

Bruxaria na Irlanda

*O caso de Lady Alice Kyteler e os Povos Miúdos – o caso de Dyonisia Bal-
dwyn em Exeter, 1302 – indicações de que os tribunais nunca acreditaram
que a bruxaria pudesse trazer algum malefício às pessoas – rumores sobre
um culto na Irlanda do Sul – cópias do ritual das bruxas – declarações
recopiadas a cada geração – a essência da magia é aumentar o poder.*

O mais famoso caso de bruxaria irlandesa é o de Lady Alice Kyteler
de Kilkenny. O bispo de Ossory a acusou de bruxaria segundo as novas
Bulas publicadas pelo papa João XXII e ela foi julgada em 1324. A corte
obviamente acreditou que ela praticava a bruxaria, mas não viu nenhum
mal particular nisso. Embora devessem tê-la culpado, soltaram-na bem
discretamente e a perdoaram, para o desgosto do bispo; da mesma forma,
uma corte de Manx em 1659 considerou a sra. Jane Caesar não culpada de
bruxaria, embora o bispo tenha manobrado para sentenciá-la a "abjurar da
bruxaria, no próximo domingo na Igreja Malew" (um curioso caso de 'você
não é culpada, mas prometa que nunca mais o fará novamente'). A dama
foi forçada a abjurar na Igreja e usar palavras que satisfizessem a corte,
embora os comentários afirmem: "Seus acusadores estariam muito infeli-
zes, se realmente acreditassem que ela é uma bruxa". Como nada mais está
registrado, presume-se que o caso foi encerrado. Mais tarde, os registros da
Igreja mostram que ela morreu e foi enterrada da maneira usual; os Caesars
eram pessoas de boa posição.

Mas o bispo de Ossory tinha um temperamento mais severo que os
bispos de Manx. Apoiado pela Bula papal, ele atacou de novo, acusando Lady
Alice de negar Cristo, ter cerimônias indecentes com um Robin Artison, ou
Robin, filho de Art, em encruzilhadas, e uma lista inteira de acusações usuais,
incluindo ter uma bengala que ela untava com pomada e galopava frequentemente – presumivelmente uma dança de fertilidade comum. Novamente,
ele não pôde obter uma acusação; os nobres a protegeram e ela se foi para
a Inglaterra. O bispo teve de se contentar com açoitar, torturar e queimar
os criados dela, como uma espécie de lei eclesiástica de linchamento. Entre
as acusações contra ela, estava a de varrer a poeira para dentro. Na Ilha de

Man, é uma superstição comum crer que se deve varrer para dentro, para não varrer para fora a sorte.

No caso de Lady Kyteler, há evidência suficiente para provar a existência de bruxaria e de uma assembleia de treze bruxas. Mais provavelmente, ela estava em comunicação com um ramo irlandês das Fadas ou do Povo Miúdo, que celebrava ritos similares aos da Inglaterra e àqueles de Dioniso na antiga Roma. A segunda acusação contra ela era de que "tinha o costume de oferecer sacrifícios a demônios, animais vivos que ela e sua companhia rasgavam membro a membro e faziam a oferenda espalhando-os em encruzilhadas para um certo demônio chamado Robin, filho de Artis, ou Robinartson". Como visto acima, o nome Robin era comum para um espírito, desta vez provavelmente um manhoso e travesso ("artes"). A ação parece uma descrição de algumas bacantes que costumavam rasgar animais em pedaços nos frenesis de Dioniso, pois devorar uma vítima animal simbolizava a encarnação, morte e ressurreição da divindade. Havia outra acusação de sacrificar galos vermelhos a Robin, que é descrito como sendo *Aethiopia* – em outras palavras, um negro. Seria muito incomum encontrar um negro, com um nome inglês, na Irlanda daquela época, logo presumo que Robin misturava fuligem à sua pomada protetora para não ser reconhecido. Eram provavelmente membros de um culto local que praticavam cerimônias mágicas que lhes trouxessem sorte. Houve treze pessoas acusadas, mas Robin jamais foi preso, de forma que o "espírito zombeteiro" era provavelmente de alto escalão ou membro da Igreja. Logo, devemos presumir que um culto de bruxas que tinha alguma semelhança com o culto de Dioniso estava em pleno impulso naquela data e consistia tanto de membros irlandeses quanto de ingleses.

O sr. Hughes menciona que os arquivos municipais de Exeter mostram que em 1302 o Grande Júri ponderou que "Dionysia Baldwin recebe frequentemente John e Agnes de Wormhille e Joan de Cornwale de Taignmouth, que são bruxas; e a dita Dionysia se consorcia com elas". O nome Dionysia me sugere que seus pais pertenciam a algum culto e que o padre que a batizou não fez objeções, embora muitos concílios da Igreja tenham fulminado cultos de Diana e da Lua. John, Agnes e Joan são nomes de bruxas, de acordo com a dra. Margaret Murray; Wormhille ("montanha do Dragão") deve ser acidental, ou pode ter algum significado. Era de se esperar que o bispo local certamente faria uma acusação; mas a corte aparentemente não o faria, pensando: "Por que as bruxas não podem passar bem e praticar suas artes?" Como na Irlanda, eles não faziam objeções ao "trabalho sujo" de Lady Kyteler "nas encruzilhadas".

Na verdade, naquele tempo, as cortes parecem ter acreditado que não havia nenhum mal na bruxaria. Não havia leis particulares contra ela. O *Sites Partidas* de Castilha, por volta de 1260, diz que ela deveria ser punida se causasse malefícios, mas que era válida para curar doenças. Os Assizes de Jerusalém, as Instituições de Saint Louis e outros tribunais sustentavam visões similares.

Contaram-me de um culto de bruxas na Irlanda que ainda ocorre hoje em dia, mas não consegui contatá-las. Diz-se que os membros mantêm seus encontros em uma pedreira desativada onde podem trabalhar sem ser perturbados. Usam longas capas pretas para se protegerem até que cheguem ao local do encontro, onde as removem para revelar um tipo de *kilt* feito com dois pedaços de couro amarrados dos lados. Diz-se que sacrificam animais à lua, ou ao menos realizam cerimônias de louvor à lua, com danças reguladas por um quadrante da lua. Eu soube que elas têm uma dança muito bonita, a Dança dos Quatro Ventos, que usualmente é feita em volta de um monolito ou de algo que tenha quatro lados; mas não pude obter mais detalhes. Diz-se que parte da cerimônia de iniciação do homem é chamada de Caça de Diana, quando todas as moças solteiras e sem compromisso caçam o iniciado e quem quer que o cace bate nele e o toma sob sua direção, sendo previamente combinado quem deve caçá-lo. Disseram-me que algumas vezes sangue era usado nos ritos e punham-se maldições nas pessoas, mas meu informante nada sabia dos ritos, ou de sua líder, exceto que era uma Grande Sacerdotisa chamada Diana e que eles usavam "uísque".

O problema de se investigar tal caso é saber se o culto é antigo ou se tem origem recente. Na Irlanda, as pessoas são fortemente católicas romanas ou fortemente protestantes, sendo possível que alguém tenha inventado um culto por diversão, ou em oposição a ambas as religiões. Se ele crescesse, não poderia ser mantido oculto por muito tempo e as Igrejas provavelmente se uniriam para esmagá-lo. Se, por outro lado, fosse uma tradição antiga, deveria ter continuado, pois seus membros teriam percebido a necessidade de segredo. O nome Diana parece invenção moderna; mas a partir da Renascença houve muitos estudiosos clássicos que aplicaram esse nome a uma antiga deusa.

Há uma cidadezinha na Irlanda onde é costume pôr todo ano um bode na praça do mercado assistido por duas donzelas por três dias e noites; durante esse tempo a cidade é aberta. Esse evento é conhecido como Puck Fair.* A polícia fica em sua base, as casas públicas nunca fecham e ninguém dorme, pois esse sempre foi o costume e traria azar mudar. Esse parece algum curioso rito pré-cristão que sobreviveu.

Se no tempo de Lady Alice houve um culto secreto que trazia a sorte para os seus devotos e maldições sobre seus oponentes, não é surpreendente que ele ainda fosse praticado hoje. Na Inglaterra, em sua presente forma, os rituais e declarações não podem ser muito antigos porque foram copiados, em linguagem moderna, de avôs e avós; mas remontam a, pelo menos, 150 anos. Se eles tivessem sido inventados, teriam sido escritos de forma sentimental, em vez de ir direto ao ponto. Anteriormente a 1800, quando sabemos que o culto funcionava, havia um certo interesse em matérias ocultas, mas isso no

---

* N. do T.: Puck Fair = Feira da Fada

tipo cerimonial de magia, ou no tipo do Clube do Fogo do Inferno, o que significaria evocar o Demônio. É possível que alguém tenha iniciado uma nova religião, mas acho que deve ter existido algo antes em que enxertá-la. Penso ser muito curioso que tal tradição possa ter vindo de tempos tão remotos. Mostrei minhas razões em pensar que ela deve remontar aos tempos da primeira Elizabeth, pelo menos. Se foi importada da Itália, então uma relíquia de um culto Dionisíaco que sobrevivesse ali poderia facilmente ter sido mantido na Inglaterra; ou poderia ter sido importada da França pelos normandos muito antes. Não sei se algum dia realmente chegaremos a descobrir.

As pessoas que conheço têm a ordem de nunca usar sangue ou fazer sacrifícios; mas as convenções de bruxas irlandesas o usam, e o Vodu também. Sabendo como os ritos na Inglaterra funcionam, essas práticas seriam inúteis em todos os que conheço, então presumivelmente há ritos totalmente diferentes sobre os quais minhas amigas nada sabem.

A essência da magia usualmente é aumentar o poder e então usá-lo ou controlá-lo. Compreendo que se pense que matar algo possa liberar poder ou força, se a alma é força, mas não entendo como se pode controlar ou usar algo assim. Sangue recém-derramado contém algum poder vital, que exsudaria lentamente, e esse sangue pode aumentar o poder; mas se esse fosse o caso, poderíamos dizer que os funcionários do matadouro municipal estão se tornando magos. Quando eu ouvir essa notícia, acreditarei no poder do sangue. Sei que se diz que as bacantes rasgavam animais vivos em pedaços e os comiam, mas acho que elas eram pessoas que, sem compreender os ensinamentos secretos que receberam, confundiam bebedeira com êxtase divino, fazendo loucuras em seu frenesi. A lei então restringiu esses excessos e reformou-se a seita. Os africanos ocidentais usam sangue, mas penso que eles também não conhecem os verdadeiros segredos.

Capítulo X

O que São Bruxas?

As bruxas eram as Wica ou pessoas sábias, com conhecimento de ervas e um ensinamento oculto funcional normalmente usado para o bem – o autor contesta Pennethorne Hughes no que diz respeito a usos para o mal e venenos – bruxas lançam feitiços para impedir o desembarque de Hitler – uso anterior da mesma técnica com Napoleão e a Armada Espanhola – o assassinato de nove milhões de bruxas – o papel representado por São Domingos – os métodos dos inquisidores: o uso da tortura – relato detalhado das torturas usadas na Alemanha – relatos dos sofrimentos das vítimas sob tortura na Espanha – relato de Aldoux Huxley da tortura e morte de Grandier, 1634 – o autor repudia a acusação de que as bruxas conduzem uma Missa Negra – liberdade ainda negada às bruxas, cujo objetivo é a liberação do êxtase – uso de ervas para esse fim – o escândalo do Beijo da Vergonha – pactos com o Diabo e alguns relatos em Grimoires – pactos entre grupos de bruxas – contatos com outros corpos no século XVIII – numerologia das bruxas – dois significados de grupo de bruxas – elas são menores agora – após a conquista normanda, o senhor local frequentemente era representado como o Diabo – o uso do controle da respiração e das glândulas sem dutos, ervas e venenos – o papa faz da cirurgia e da bruxaria crimes – o rei Edward III e a origem bruxesca da Ordem da Jarreteira: dois grupos de bruxas encabeçados pelos monarcas – as 168 letras S no manto do rei – inverdade da acusação de que as bruxas abjuram o cristianismo – ligação com as bruxas de hoje na Índia Ocidental e no Congo – a bruxaria é hereditária – as bruxas acreditam em deuses que não são onipotentes e gostam quando os homens estão felizes – citação dos versos "A bruxa lembra de sua última encarnação".

Hughes diz: "A bruxaria propriamente dita apenas existe quando os poderes evocados são conscientemente sentidos como maus e as pessoas envolvidas na operação estão procurando a ajuda de alguma fonte exterior para certas condições e crenças aceitas". Se isso é verdade, as bruxas de que estive falando não são bruxas.

O que são elas então? São pessoas que chamam a si mesmas Wica, as "pessoas sábias", que praticam ritos antigos e que, junto com muita superstição e conhecimento herbal, preservaram um ensinamento oculto e processos de trabalho que elas próprias pensam ser magia ou bruxaria. Elas são o tipo de pessoa que eram queimadas vivas por possuir esse conhecimento, frequentemente dando suas vidas para desviar as suspeitas de outras. Em Castletown, temos um memorial para as nove milhões de pessoas que morreram torturadas de um modo ou outro por bruxaria.

Essas Wica geralmente trabalham com bons propósitos e ajudam os que estão com problemas com suas melhores habilidades. É claro que em tudo o que se faz nesse mundo acaba-se pisando no calo de alguém; se uma bruxa fazia crescer uma boa colheita de milho na antiguidade, as pessoas se queixavam de que ela estava deflacionando os preços. Acho que é pouco sábio renunciar à lei sem conhecer o assunto.

Hughes continua dizendo: "Os poderes físicos de uma bruxa são os de um povo pré-histórico. Até onde as boas ações feitas para o mal são permissíveis, é uma questão para os teólogos". Acho que a resposta a essa afirmação está no *dictum* dos jesuítas: "Más ações sempre são permissíveis com um bom propósito, ou quando são para o benefício da Ordem" – o que é também assunto dos teólogos. Acho que a bruxa é justificada ao usar qualquer poder físico que tenha, desde que o use para o bem de sua comunidade, cuidando para que ela não faça mal a ninguém. Hughes diz que as bruxas usavam e vendiam veneno. Possivelmente; mas as de hoje em dia não têm qualquer conhecimento real deles. Sabem vagamente que o heléboro é mortal, assim como sabem o que o herbicida é, mas não conhecem a dose correta de nenhum dos dois e não sabem como conseguir heléboro. Na Idade Média, onde quer que irrompesse o tifo, o que era muito frequente, era corrente dizer que as bruxas ou os judeus haviam envenenado os poços. Apenas porque uma bruxa pode usar uma cura pré-histórica para tratar uma criança doente não quer dizer necessariamente que isso seja feito com má intenção. Algumas bruxas em particular podem ter feito coisas ruins e erradas, mas elas são as únicas que podem ser culpadas por isso. A forma mais óbvia de se fazer o mal é por magia simpática, com a construção de imagens. Isso é feito no mundo todo; se a vítima sabe que isso está sendo feito e acredita firmemente que aquilo pode matá-la, ela pode se apavorar até a morte. Uma bruxa pode fazer uma imagem e assustar as pessoas com ela, se elas acreditarem que ela tem o poder de matar. Qualquer pessoa pode fazê-lo e o efeito será muito semelhante; logo, essa forma de mal não é exclusiva da bruxaria. Em 1318, o bispo de Troyes foi julgado, pois a evidência mostrava que ele fizera uma imagem da rainha da França e, após lhe ter feito várias indignidades e a queimado, a rainha morreu!

Hughes continua, dizendo (página 146): "As bruxas lançavam feitiços, traziam o caos, envenenavam, faziam abortar o gado e tolhiam a fertilidade aos seres humanos, serviam o Diabo, parodiavam práticas cristãs, aliavam-se com os inimigos do rei, copulavam com outras bruxas de forma masculina e feminina, que elas tomavam para ser íncubos e súcubos, cometiam abusos contra animais domésticos. Além disso, elas faziam essas coisas conscientemente, acreditando servir a um mestre diabólico e desafiar o paraíso. Seus motivos eram confusos, seus impulsos eram sem sentido, os procedimentos que vinham remotamente de qualquer prática original comum, mesmo que elas os tenham feito, e as razões pelas quais os fazem permanecem nas mais antigas crenças religiosas."

Presumo que ele deve saber do que fala, então deixem-me assegurá-lo que, segundo meu conhecimento, a grande maioria dessas acusações é falsa. Bruxas lançaram feitiços para impedir Hitler de desembarcar após a queda da França. Elas se encontraram, fizeram crescer o grande cone de poder e dirigiram este pensamento ao cérebro de Hitler: "Você não pode cruzar o mar", "Você não pode cruzar o mar", "Não é capaz de vir","Não é capaz de vir". Assim como seus tataravós haviam feito com Boney e seus antepassados ainda mais remotos com a Armada Espanhola, com as palavras: "Vá embora", "Vá embora", "Não é capaz de desembarcar", "Não é capaz de desembarcar". Seria isso aliar-se aos inimigos do rei? Não estou dizendo que elas pararam Hitler. Tudo o que disse é que vi uma cerimônia muito interessante, realizada com a intenção de pôr uma certa ideia em sua mente; ela foi repetida muitas vezes mais tarde e, embora todos os barcos de invasão estivessem prontos, o fato é que Hitler nem mesmo tentou vir para cá. As bruxas me contaram que seus tataravós tentaram projetar a mesma ideia na mente de Boney.

Na época da Armada Espanhola, a força invasora havia deixado a costa antes que o culto realmente ouvisse falar dela. Elas sabiam que era inútil tentar alcançar o rei Felipe; ele estava fora de alcance e não podia mudar o curso da Armada; elas não tinham a menor ideia de quem estava no comando. A única coisa que podiam fazer era enviar uma ideia geral: "Vá embora", "Vá embora", "Você não pode desembarcar", "Você não pode desembarcar", e esperar que fizesse efeito. Se elas pudessem ter erguido uma tempestade, o teriam feito, mas não sabiam como, embora naturalmente elas rezassem a seus deuses que trouxessem desastres à frota, o que provavelmente incluiria tempestades.

Duvido que as bruxas já tenham causado caos; ao menos nunca ouvi falar que elas o fizessem e nem eu nem elas sabemos por onde começar; eu gostaria de ter informações sobre o assunto – datas e locais, por favor? Não posso dizer que nenhuma bruxa jamais inibiu um ser humano, ou fez abortar o gado, assim como não posso dizer que nenhum bispo jamais matou alguém com magia ou veneno. Não conheço bruxas que tenham feito essas coisas, mas sei do bispo de Troyes e de um Bórgia que foi bispo antes de ser papa. Copular com íncubos e animais domésticos é apenas um *nonsense* imundo, assim como a acusação de que as bruxas serviam um mestre diabólico. Isso foi simplesmente inventado em uma época de perseguições, quando os juízes não condenavam facilmente e a Igreja teve de inventar algum crime que garantisse a pena de morte. As bruxas têm seus próprios deuses e acreditam que eles são bons; o que mais um cristão pode dizer? Pode haver confusão ou, antes, leves diferenças entre os rituais e práticas de diferentes grupos de bruxas, eu realmente não sei; mas, por acaso, as práticas dos israelitas britânicos, dos mórmons, dos calatumpianos e dos Irmãos de Plymouth formam um todo harmonioso? Não são eles todos da fé cristã?

Na era do terror, logo após a desastrosa cruzada das crianças, o papa Inocêncio III fez da cirurgia um crime. Denunciou também a antiga fé pré-cristã como heresia e bruxaria e mandou a inquisição para esmagá-la.

Cerca de nove milhões de pessoas sofreram a morte por tortura. Os dominicanos, fundados por São Domingos, um asceta devoto que se autoflagelava três vezes por dia e costumava depenar pássaros vivos, foram encarregados das perseguições e espalharam a história de uma conspiração contra Cristo. Algumas pessoas dizem que eles realmente acreditavam no que pregavam, mas acho difícil acreditar nisso, embora os mais ignorantes de seus ouvintes provavelmente o fizessem. É certo que da orgia de perseguição, como nos primeiros casos de perseguição contra as várias seitas heréticas, algumas obtiveram enormes despojos e, é claro, é verdade que aquelas pessoas eram culpadas de adorar seu próprio Deus à sua maneira.

Algumas pessoas dizem que a Igreja simplesmente escreveu listas e torturou bruxas e Cavaleiros Templários até que dissessem "sim" a todas as acusações, o que explicaria as semelhanças encontradas entre os dois cultos. Mas isso é apenas parcialmente verdadeiro. As semelhanças importantes não estão nas acusações principais, mas em coisas pequenas, sem importância, sendo que muitas dessas se parecem com o que é feito ainda hoje na África, na América e em Madagascar, de que os inquisidores não tinham conhecimento. O fato é que uma pessoa pode contar uma grande mentira, mas não pode inventar todos os pequenos detalhes para enganar um bom contrainvestigador e assim deixa escapar pedacinhos de verdade aparentemente sem importância.

Eis porque os soldados, se capturados, têm instruções para dar apenas seu nome, escalão e número: não testar nem ludibriar o inimigo dando falsa informação, pois fazendo isso eles fornecem alguns fatos verdadeiros que acabam por ajudá-lo.

Os oficiais têm instruções para interrogar os prisioneiros, pescar pedacinhos de verdade em meio a histórias esmeradamente impossíveis. Os inquisidores eram contrainvestigadores experimentados, mas nem sempre percebiam a importância dos pequenos detalhes que eram revelados. Seu serviço era expurgar a heresia e isso eles faziam perfeitamente.

Diz-se frequentemente que as bruxas confessaram as mais abomináveis práticas. Isso é absolutamente verdadeiro, mas deve-se lembrar por que elas fizeram isso. Paul Carus, no *History of the Devil*, página 323 (Arquivos da Associação Internacional do Folclore), chama o *Malleus Maleficarum*, ou *Martelo das Bruxas*, de o mais infame livro jamais escrito. Ele aconselha que se inicie um julgamento com a questão "se a pessoa sendo julgada acredita ou não em bruxaria" e adiciona: "tenha em mente que as bruxas geralmente negam a questão". Se o réu nega, o inquisidor continua: "Bem, nesse caso, sempre que bruxas são queimadas, elas foram acusadas na inocência". A negação da bruxaria selava a perdição do acusado imediatamente, pois, de acordo com o *Martelo das Bruxas*, "a maior heresia é não acreditar na bruxaria" *(haeresis est maxima opera maleficorum non credere)*. Porém, se o acusado afirmasse a questão, a tortura o faria confessar. Alegar ignorância não trazia nenhum benefício, pois a recusa de confissão era considerada como crime sob o nome de *maleficium taciturnitalis*. Não havia meio de escapar, e a melhor saída para a vítima sob tortura era confessar tudo de uma vez sem recair na negação, pois isso ao menos abreviava o processo. De acordo com a página 330, "antes de a tortura começar, o acusado era forçado a beber a sopa das bruxas, uma mistura repugnante feita com as cinzas de bruxas queimadas e que se supunha proteger os torturadores contra a influência maléfica da bruxaria".

A imundície *(carceris squaloris)* das torres era usada. A mesma página conta da tortura aplicada a uma mulher no ano de 1631, no primeiro dia de seu julgamento.

Infelizmente, ele não dá o lugar nem diz se o torturador foi a inquisição ou a Igreja Reformada; mas esta é uma tradução de Konig, *Ausgeburten des Menschenwahns*, página 130; e também de Soldan, *Hexenprocesse*, páginas 269-70:

"1. O verdugo amarrou a mulher, que estava grávida, e a pôs no esticador. Então ele a torturou até que seu coração quase se quebrasse...

2. Como ela não confessou, a tortura foi repetida... ele cortou seu cabelo, jogou conhaque em sua cabeça e ateou fogo

3. Ele pôs enxofre em suas axilas e acendeu.

4. Suas mãos estavam atadas às costas, ela era levantada até o teto e largada repentinamente.

5. Esse alçamento para baixo e para cima durou algumas horas, até que o verdugo e seus ajudantes foram jantar.

6. Quando eles voltaram, os pés e as mãos dela foram amarrados em suas costas; jogaram conhaque em suas costas e puseram fogo.

8. Então, pesos enormes foram colocados em suas costas e ela foi posta de pé.

9. Após isso, ela foi novamente esticada no aparelho de tortura.

10. Uma tábua de pregos foi posta em suas costas e ela de novo foi erguida ao teto.

11. O mestre novamente amarrou seus pés e os atou a um bloco de cinquenta libras.

12. O mestre amarrou seus pés em uma morsa, apertando-lhe os calcanhares até que o sangue escorresse dos artelhos.

13. Ela foi esticada e apertada novamente de diversas maneiras.

14. Depois o carrasco de Dreissigacker começou o terceiro grau de tortura (nota: não há indicação do que ele tenha feito).

15. O genro do verdugo levantou-a ao teto com suas mãos.

16. O carrasco bateu nela com um chicote.

17. Ela foi posta em uma morsa, onde permaneceu por seis horas.

18. Ela foi chicoteada sem piedade.

Tudo isso foi feito no primeiro dia."

(Nota: O item número 7 foi excluído dessa lista. Não acho que ele seja menos doloroso que os outros.)

De *Archivob Hist. Nacional, Inquisicion de Tolado*, Leg. 138, citado em H. C. Lea, *History of the Inquisition of Spain*, vol. III, p. 2.) Relatos trazidos do interrogatório sob tortura. Após longa tortura, o inquisidor dizia: "Conte tudo".

"Se eu soubesse o que dizer, eu o diria. Ó *Señor*, eu não sei o que tenho de dizer. Oh! Oh! Eles estão me matando – se eles me dissessem o quê – Ó, *Señores*, Ó, meu coração... soltem-me e eu contarei a verdade; eu não sei o que tenho de contar – soltem-me, pelo amor de Deus – contem-me o que tenho de dizer – eu o fiz, eu o fiz – eles me ferem, *Señor* – soltem-me, soltem-me e eu o contarei... Eu não sei o que tenho de contar – *Señor*, eu o fiz... Tirem-me daqui e me digam o que eu tenho de contar... Eu não me lembro, digam-me o que tenho que contar– pobre de mim; vou contar tudo o que desejam, *Señores* – eles estão quebrando meus braços – soltem-me um pouco – eu fiz tudo o que dizem de mim... O que querem que eu diga? Eu fiz tudo – soltem-me, pois eu não lembro o que tenho de contar... Oh, oh, oh, conto tudo." E novamente a voz cruel dizia: "Conte tudo".

Quando um pobre coitado era bastante torturado, eles lhe ditariam o que dizer e a quem envolver. A pessoa comum esquece convenientemente que isso foi feito, se é que ela o percebe; mas as bruxas não esqueceram que esse tratamento ou um similar foi dado a seus ancestrais e os dias de perseguição não terminaram, ao menos em muitos lugares, de forma que as bruxas se mantêm na marginalidade.

Aldous Huxley, em seu livro mais esclarecedor, *Devils of Loudun*, conta (p. 177) sobre as torturas e a morte de um Grandier em 1634, sob a acusação de enfeitiçar freiras. Os detalhes foram tirados dos Registros da Corte e são autênticos:

"Na presença de dois apotecários* e de diversos doutores, Grandier foi despido, depilado e então sistematicamente espetado com um

---

* *N. do T.: apotecário equivale a farmacêutico.*

O que São Bruxas? 109

cateter longo e afiado... a dor era excruciante e, apesar das janelas emparedadas, os gritos do prisioneiro podiam ser ouvidos pela multidão de curiosos que crescia na rua em frente. No resumo oficial das acusações pelas quais Grandier fora condenado, descobrimos que, devido à grande dificuldade em localizar áreas tão pequenas de insensibilidade, apenas duas das cinco marcas descritas pela madre superiora foram realmente descobertas... Os métodos de Mannoury, deve-se acrescentar, eram admiravelmente simples e efetivos. Após uma vintena de punções torturantes, ele viraria o cateter e pressionaria o lado sem corte contra a carne da pessoa. *Miraculosamente, não havia dor, o diabo marcara o ponto.* Se tivesse tido permissão para continuar, não há dúvidas de que Mannoury descobriria todas as marcas. Infelizmente, um dos apotecários (um estrangeiro não confiável de Tours) era menos complacente que os doutores da aldeia que Loubardemont reunira para controlar o experimento. Tendo pego Mannoury trapaceando, o homem protestou, em vão. Sua minoria foi simplesmente ignorada. Entrementes, Mannoury e os outros se mostraram mais cooperativos, o que foi gratificante."

Na página 235: "Os juízes viram o réu apenas três vezes ao todo. Então, após as preliminares piedosas de praxe, eles tomaram sua decisão; foi unânime. Grandier tinha de ser submetido ao "questionário", ordinário e extraordinário – com uma corda em torno do pescoço e uma vela de duas libras na mão, pedir perdão a Deus, ao rei e à Justiça... então ser queimado vivo... Ele foi despido, em poucos minutos não tinha mais pelos no corpo... 'seu bigode e sua barbicha, e as sobrancelhas', disse o comissionário. 'E as unhas, vocês agora vão arrancar as unhas...'"

Página 244: "Ele foi amarrado estendido no chão, suas pernas, dos joelhos aos pés presos entre quatro tábuas, das quais o par exterior era fixo e as de dentro, móveis. Colocando cunhas no espaço entre as duas tábuas móveis, era possível esmagar as pernas da vítima... a primeira cunha era posta entre os joelhos e outra inserida junto aos pés. Elas foram marteladas... uma terceira foi inserida imediatamente abaixo da primeira... na segunda pancada na quarta cunha, diversos ossos dos pés e tornozelos estavam quebrados... uma quinta cunha foi inserida. O prisioneiro perguntou: 'Padre, você acredita, em sua consciência, que um homem deva meramente ser libertado da dor, para confessar um crime que não cometeu'... 'você foi mago, teve comércio com diabos', foi a resposta. Quando ele protestou novamente ser inocente, uma sexta cunha foi martelada, depois, uma sétima e uma oitava; os ossos dos joelhos, as tíbias, os tornozelos e os pés estavam todos esmigalhados".

Na página 249: "A vela de duas libras foi posta na mão de Grandier e ele foi erguido do carro para pedir perdão, como a sentença prescrevera, por seu crime, mas não havia mais joelhos para se ajoelhar. Quando o desceram ao chão, ele caiu de rosto".

Ele foi finalmente queimado vivo, com todos os cuidados para que sua morte fosse a mais dolorosa possível.

Após as pessoas menos importantes terem sido liquidadas, a perseguição se voltou para onde havia mais butim; entre outros, os Cavaleiros Templários, que tanto tinham feito pela cristandade, foram acusados de heresia, com muitas das acusações de praxe e por um vício antinatural. Até onde eles, ou alguns deles, eram tecnicamente culpados é ainda um terreno para disputa, mas muitos eram sem dúvida inocentes de qualquer heresia consciente.

Hughes continua dizendo que o culto das bruxas conduzia uma Missa Negra em que as práticas cristãs eram ridicularizadas e o diabo recebia homenagem e oração. Novamente, quero lhe afirmar que, embora eu tenha comparecido a diversos sabás, nada vi que se assemelhasse à prática da qual ele nos acusa, a não ser que ele pense que a cerimônia dos "bolos e vinho" possa ser uma imitação do antigo *Ágape* cristão, a festa do amor, embora eu pense que é muito mais antiga. Não vou dizer que a Missa Negra jamais foi celebrada, mas afirmo que não é feita por bruxas, até onde tenho conhecimento.

Deve-se aceitar o fato que, embora o culto seja muito interessante e em parte extremamente delicado, ele é primitivo, e, quando as pessoas "se soltam" em qualquer comunidade, as coisas tendem a acontecer e elas fazem coisas que não fariam normalmente. Isso é, sem dúvida, muito aflitivo para os puritanos; mas os puritanos, ao contrário, vangloriam-se pelo fato de se chocarem à toa, e por isso começo a entender o ponto de vista das bruxas...

Falamos muito de liberdade religiosa, de nossos direitos e da liberdade do indivíduo, mas ainda negamos toda a liberdade às bruxas. Elas ainda são perseguidas apenas porque algum intrometido ficou chocado ao encontrar pessoas em um lugar ermo dançando nuas em volta de uma fogueira há muitos milhares de anos. As pessoas ainda se chocam hoje em dia com o que veem na praia e em outros lugares e correm aos jornais para se queixar, mas normalmente os outros riem de suas lamúrias. As praias são propriedade pública e as pessoas devem ter o direito de se queixar, mas os sabás eram festas privadas e podiam ser vistos apenas por pessoas bisbilhoteiras na esperança de ficar chocadas. As bruxas, por centenas de anos, mantiveram seus encontros no âmbito particular; elas são pessoas que querem se libertar deste mundo para um mundo de fantasia. Para certos tipos de pessoas, o alívio conseguido foi de enorme benefício e essas noites ocasionais de libertação eram algo para ser vivido. Entre os povos primitivos, a dança era a forma usual de expressão religiosa. Na tradição das bruxas, ela era necessária preliminarmente ao clímax do sabá, para produzir poder; além disso, outros objetivos eram trazer alegria e expressar a beleza. Isso era considerado pecado e àquelas pessoas Chesterton chamava de "aquela turma de calvinistas revoltosos", embora São Tomás de Aquino apenas diga: "Nem todos os que dançam são necessariamente amaldiçoados". Algumas pessoas podem ter ido por engano a um sabá e se chocaram, mas os anglo-saxões são notórios por se chocar facilmente e se queixar aos poderes por isso.

Disseram-me que nos velhos tempos as bruxas conheciam uma erva chamada Kat que, quando misturada com incenso, despertaria o olho interior, o subconsciente, mas se outra erva, Sumach, não fosse adicionada à mistura, esta não poderia ser usada por muito tempo, já que produziria alucinações. Se ambas fossem usadas corretamente, era possível sair do corpo. Infelizmente, elas não sabem que ervas eram essas; mas diz-se que crescem na Inglaterra. Dizem que, se respirar incenso com Kat, a mulher se torna mais bonita, de forma que é possível que seja um cânhamo selvagem. Os feiticeiros usavam algo com o mesmo propósito e sua mistura continha cânhamo e muitos outros ingredientes para amortecê-lo. Muitas raças primitivas usam drogas para conseguir a elevação do espírito: coca na América do Sul, mescal no México e muitas outras substâncias. Elas têm um efeito variável no sistema nervoso, trazendo o que pode ser a abertura do olho interior ou mesmo alucinações. O álcool tem o efeito de aumentar a precognição, como prova a Sociedade de Pesquisa Psíquica.

Outra acusação feita contra as bruxas, templários, valdenses e gnósticos era o "Osculum Infame". Essa deve ter sido uma acusação padrão contra todos de quem o clericato não gostava e parece ter sido baseada no princípio de que qualquer vara serve para se bater em um cachorro. Foi primeiro usada contra as várias seitas heréticas, então contra os cavaleiros Templários. As bruxas não beijam o traseiro do diabo, primeiro porque elas não beijam o traseiro de ninguém e segundo porque o diabo nunca apareceu para que alguém o beijasse. Não posso colocar de maneira mais clara, não é? Como eu já havia dito, não há pacto com o diabo nem com ninguém. Imagino que essa história venha de lendas como Fausto, que devem ter sido cunhadas por padres para amedrontar as pessoas que pensassem em se juntar a práticas de magia, ou possivelmente para explicar por que as pessoas que realizavam experimentos mágicos do tipo Chave de Salomão, que eram mais ou menos permitidos, sem usar um médium, normalmente não obtinham sucesso.

Essas histórias eram normalmente fabricadas para impulsionar o poder de algum santo e davam a entender que um feiticeiro, após anos de fracasso, fazia um pacto com o diabo, vendendo sua alma por tantos anos de abundância e poder. Quando chegava esse tempo, ele rezava para aquele santo, que convocava o diabo e, por força ou artimanha, desmanchava o pacto. O feiticeiro, então, dava prontamente todos os ganhos de sua feitiçaria ao santuário desse santo e morria com um ar de santidade. A história desses pactos são bem ingênuas, mas acreditava-se nelas e os *Grimoires*, livros-texto de magia seminegra, foram publicados, ensinando como invocar o diabo e travar um pacto com ele e ao mesmo tempo enganá-lo. Isso era feito normalmente com um trocadilho, dando a ele o corpo e a alma, fosse o enterro do corpo dentro ou fora da Igreja, e então sendo enterrado dentro das paredes da Igreja, ou seja, nem dentro nem fora – em outras palavras, trapaceando com ele. Eles pareciam pensar, na verdade, que o diabo era demasiadamente tolo ou ignorante para comprar o livro e o ler.

Após ter escrito o trecho acima, li sobre um julgamento na França em que um secretário foi empregado por um homem misterioso vestido de preto para copiar um desses livros. Alegava-se seriamente que o homem de preto fosse o diabo, tentando obter uma cópia desse livro, para aprender como se proteger de tais artimanhas. O acusado foi considerado culpado de ajudar o diabo e foi executado. Essa história mostra quão infantis eram algumas das acusações, parecendo o tipo de coisas de que os nazistas e os comunistas acusavam as pessoas, também conseguindo confissões por meio de torturas mais atrozes. Suponho que esses livros tenham sido vendidos ao tipo de pessoa que, hoje em dia, acredita em livros de autoajuda; eles eram feitos para vender e o mais famoso entre eles era o *Grimoire,* do papa Honório.

A questão da crença em tais pactos me intriga, pois um certos número de espécimes realmente existe. Parece que se acreditava que no último dia, como num grande julgamento, a alma jurava jamais ter usado qualquer feitiçaria; ela estava a ponto de atingir o paraíso, quando um Diabo repentinamente faria aparecer um documento entre seus arquivos. Ele seria admitido como evidência, a assinatura do acusado seria reconhecida e o Diabo ganharia o caso e a alma.

Cada grupo de bruxas é independente e durante a perseguição feroz os membros de algumas podem ter usado algum tipo de pacto para uni-los; mas não seria uma associação diabólica, porque isso teria os mais desastrosos resultados se fosse descoberto. Quando o Clube do Fogo do Inferno estava em voga entre os livre-pensadores, há cerca de duzentos anos, é possível que houvesse algumas bruxas entre eles e que elas pudessem ter ajudado a construir alguns dos rituais que eram um pouco zombeteiros e que incluíam pactos. Mas também é verdade que pode ter havido padeiros, açougueiros e fabricantes de velas que poderiam ter feito o mesmo, o que não significaria que todos os membros dessas classes concluiriam pactos com o diabo. Membros desses clubes estavam interessados em coisas fálicas, assim como Aleister Crowley há cinquenta anos. Ele pertencia ao culto das bruxas; certamente o conhecia e pode ter ajudado a reconstruir rituais. Se o fez, manteve seus juramentos de silêncio e nunca deu nenhuma pista em nenhum de seus escritos.

Nos tempos antigos, provavelmente muitos magos, entre estudiosos e homens cultos, antes e durante a queda de Bizâncio, vieram do Ocidente e

O *que São Bruxas?* 113

podem ter travado contato com o culto; também os homens que liam livros proibidos estariam capacitados a ir aos poucos lugares em que poderiam encontrar pessoas com mentes livres, as casas das bruxas. Mais tarde, os rosa-cruzes e os maçons podem ter comparecido a essas reuniões. Eles podem não ter sabido que seus hospedeiros eram bruxas em todos os casos, embora eles devam ter sabido que havia lugares em que podiam discutir coisas racionalmente sem medo de ser torturados e queimados. Há semelhanças com a maçonaria em certas partes do rito que eu imagino não serem casuais, pois penso que uma influenciou a outra. E é provável que todas essas pessoas tenham trazido novas ideias ao culto, mas acho que as únicas mudanças importantes foram feitas no tempo dos romanos, quando se travou contato com os mistérios, embora essas sejam apenas suposições minhas. Posso apenas julgar as evidências que foram encontradas.

O culto parece usar uma numerologia grosseira – não sei qual sua origem. Os números 3, 5, 8, 13 e 40 eram de boa sorte e todos tinham algum significado. Há três ferramentas de trabalho que são essenciais e nada pode ser feito sem elas; ou seja, algo para cortar e apunhalar, algo com que bater e algo para amarrar. Há cinco outras, cada uma das quais com seu uso especial e apenas necessárias quando um tipo particular de trabalho é realizado. Para uma iniciação, as oito devem estar presentes e o iniciado aprende a usar e segurar uma de cada vez. Uma vez que três e cinco somam oito, muitas coisas devem ser em número de oito; mas oito e cinco somam treze, logo treze é outro bom número; mas já que cinco oitos, ou três grupos e uma líder, fazem quarenta, quarenta é um bom número e certas coisas devem ser em número de quarenta. O grupo tradicionalmente consiste de doze bruxas e uma líder, provavelmente por ser um número de boa sorte e por haver treze luas em um ano.

Acho que devo deixar claro: a expressão *grupo de bruxas* é usada em dois sentidos. Primeiro, é um bando que pode ter qualquer número de pessoas iniciadas com um líder comum, que se reúnem e celebram os ritos. O líder pode ser um homem ou uma mulher, mas uma Grande Sacerdotisa (que se pode emprestar de outro grupo, se esse não tiver a sua disponível) deve estar presente para celebrar os ritos. Antigamente, havia muitas pessoas que vinham aos encontros e não eram iniciados (não haviam sido recebidos no círculo nem aprendido os segredos). Acho que nos velhos tempos não havia segredo real sobre o que consistia a iniciação; qualquer um podia assistir, assim como hoje em dia se assiste a um batismo ou casamento. Mas, a não ser que você passe pelos ritos matrimoniais ou batismais, você não é casado nem batizado; nem o fato de saber como um casamento se desenrola lhe dá o poder para se casar com outra pessoa.

Em segundo lugar, um grupo de bruxas também pode significar as pessoas que celebram os ritos no círculo. Tradicionalmente, consiste de seis casais perfeitos e um líder; de preferência, os casais são maridos e esposas, ou ao menos amigados. Ou seja, eles devem ser amantes, em sintonia um com o outro, pois é o que dá melhores resultados. Elas não conhecem a razão desse número treze e dizem que "mais que isso tornaria o rito muito longo, já que cada um tem de fazer certas coisas em sua vez". Além disso, seis casais e um líder é o número máximo para trabalhar em um círculo de dois metros e meio – e não se fica tonto tão fácil em um círculo maior. Essas danças são inebriantes, e esse inebriamento é a condição para produzir aquilo que elas chamam de magia. A única vez que vi um círculo maior foi quando elas tentaram afetar a mente de Hitler e era uma operação inteiramente diversa: "Lançamento", realizado de um modo inteiramente diferente, necessitando do maior número de pessoas possível e muito espaço para trabalhar.

Nesses dias degenerados, seis casais perfeitos não estão sempre disponíveis, de forma que se pegam outros para completar o número. Esses são todos "purificados" logo que entram no círculo; outros iniciados presentes e crianças sentam-se fora e assistem aos procedimentos. Mais tarde, eles provavelmente serão purificados e entrarão no círculo para receber a refeição sagrada. Quando os ritos no círculo terminam, todos se juntam à festa e à dança. Se fossem, digamos, vinte iniciados presentes com duas sacerdotisas qualificadas e houvesse espaço suficiente, elas formariam dois grupos e fariam dois círculos, com um líder comum para mantê-los no compasso, e na antiguidade, em grandes encontros a céu aberto, podia haver muitos círculos; mas eu nunca vi mais que um. Hoje em dia, os números são tão pequenos que praticamente todos entram no círculo, embora eu tenha visto um homem do lado de fora, recusando-se a entrar porque sua namorada não estava lá naquela noite.

Elas me disseram que antigamente era costume escolher a jovem mais bonita para representar a deusa em grandes encontros. Ela era conhecida como Donzela. Era uma espécie de representação da Grande Sacerdotisa e era tratada com as maiores honras; agia frequentemente como recepcionista para visitantes distintos (por exemplo, o diabo, se ele resolvesse aparecer), mas o poder real permanecia nas mãos da verdadeira sacerdotisa, que de costume trabalhava toda a magia. Com frequência, a Donzela era a filha da Grande Sacerdotisa e ficaria no lugar de sua mãe quando viesse o tempo; algumas vezes havia mistificação – vendo a semelhança a distância, os visitantes acreditavam que a Grande Sacerdotisa voltava a ser jovem durante os encontros.

Elas dizem que antigamente havia regras que ditavam que não poderia haver mais de um grupo de bruxas em uma certa área, para evitar discussões sobre quem pertence a qual; mas elas não têm mais certeza dessa regra agora. É certo que há muito tempo havia um tipo de autoridade central, exercida por um líder comum, que a Igreja chamava diabo, mas elas nada sabem sobre isso hoje em dia e não saberiam como reconhecê-lo se ele aparecesse. Elas não têm sistemas regulares de senhas, ao menos ao que pude descobrir, para reconhecer-se entre si. Mas nas iniciações há certas palavras requeridas para colocar alguém no círculo e há certos clichês que podem ser usados como tal;

O que São Bruxas? 115

claro que um conhecimento dos mistérios provaria que a pessoa é iniciada. Na verdade, elas todas conhecem umas às outras, ou são apresentadas, de forma que não precisam de senhas.

Na Itália, diz-se que as bruxas falam "seis e sete" como senha, pois seria perigoso dizer treze; esses números adicionados, é claro, somam treze.

Na Inglaterra, já as ouvi dizer cinco e oito pela mesma razão, mas na verdade elas se conhecem dentro do grupo e não precisam de senhas; muito frequentemente, elas não conhecem a existência de outros grupos.

* * *

Na antiguidade, pelo menos, os líderes eram sempre das antigas raças – o povo com poderes naturais de controle paranormal do corpo por simples autoinebriamento. Como os normandos começaram a formar alianças com o povo das florestas, alguns deles, provavelmente os que tinham herdado uma tradição de bruxaria, parecem ter assumido o ofício. Seriam, claro, os mais inteligentes dos normandos, talvez com esposas fadas, que viviam com o povo das florestas, mas cujos filhos frequentavam as cidades. A raça misturada assim formada, então, deve ter tomado a frente nas funções sacerdotais. Eles provavelmente tinham que trabalhar duro para condicionar seus corpos a obter os resultados que vinham fácil em suas mães, mas tinham ao menos algum poder. Os normandos tinham mentes políticas e, percebendo que perdiam poder político, para evitar ser submersos no novo nacionalismo, infiltraram-se no antigo culto. Nunca atingiram os mesmos poderes de controle paranormal da antiga raça, mas a geração mestiça melhorou muito a sua própria. Os moradores da cidade tinham então seu próprio sacerdócio, que incluía muito do conhecimento tradicional; mas os grandes sacerdotes ainda seriam do povo das florestas, bem conhecidos por todos.

Frequentemente, uma misteriosa figura mascarada, por vezes vestida de peles e usando chifres, aparecia nas grandes cerimônias. Muito provavelmente, dizia-se que era um grande senhor, embora os mais ignorantes pudessem pensar que fosse um deus ou um demônio. Na verdade, ele era provavelmente um normando importante, que protegia o povo das florestas na vida diária. Como visitante ilustre, ele era recebido de forma muito hospitaleira e se deitava com a grande sacerdotisa local, que era muitas vezes sua esposa fada.

É provável que houvesse uma grande congregação do povo da floresta e também muitas pessoas do local, fazendeiros, pastores ou pescadores que, embora talvez nominalmente cristãos, assistiam às danças sazonais em honra da antiga religião e praticavam os ritos de fertilidade mais ou menos reconhecidos; muitos deles assistiam aos serviços da igreja e dançavam em torno do mastro. Eles não eram realmente bruxas; fertilidade era o que buscavam. "Boas colheitas, boa pesca, boa sorte". Eles assistiriam aos encontros de qualquer deus que fosse bom para eles e a "bondade" para eles era a qualidade de alguém que ajudasse nos problemas e tivesse festivais alegres. Eles não eram teólogos. Uma boa vida agora e uma boa vida no outro mundo bastavam para eles: não importava o nome do deus. A identidade do homem mascarado seria mantido secreta para eles. Havia também um número de gentis-homens, nobres menores ou seus filhos e filhas e muitos da classe artesã que, sem serem ricos, estavam muito confortáveis e levavam uma vida muito melhor que a de seus vizinhos. Muitos desses, talvez, não traziam suas esposas, a menos que elas fossem fadas ou tivessem a mente aberta e gostassem da diversão. Mas se suas filhas fossem "jovens brilhantes" elas viriam, possivelmente para o desgosto do pai. Ao menos algumas delas eram iniciadas; mas se quisessem libertar-se entrando em estado extático, precisavam da ajuda de alguém da velha raça; em outras palavras, "procurar uma bruxa". Elas deveriam saber ou adivinhar a fórmula pela observação, mas não tinham atalhos especiais nem a longa e árdua disciplina espiritual para sublimar o corpo e isolar o espírito.

Elas devem ter adivinhado o que mesmo as bruxas sabem vagamente; há certas partes do corpo, das quais falamos hoje em dia como glândulas endócrinas e gânglios espinais, que podem ser estimulados. Elas conheciam o controle da respiração e sabiam que, diminuindo a velocidade do fluxo de sangue em algumas partes e aumentando-a em outras, produzir-se-iam certos resultados e que concentração e uma fé ou sugestão firme, inquestionável, tinha seus efeitos. Talvez elas não reconhecessem quando uma começava e outra terminava, mas usavam todas juntas e chamavam-nas "o ofício" ou magia. Elas também sabiam que havia certos incensos que ajudavam essa concentração a desenvolver a visão espiritual e a induzir um estado de clarividência.

Nos tempos medievais, muitos ingredientes vinham do Oriente Próximo, mas originalmente as ervas mais poderosas eram locais, e entre elas havia algumas venenosas. Esse conhecimento de venenos, como eu disse, não é necessariamente mau; o importante é como se usa esse conhecimento. Usá-los para entrar em transe não faz mal a ninguém, exceto à própria pessoa. Mas como povos fracos são às vezes tentados a usar esses métodos contra os opressores, o veneno seria ocasionalmente usado por eles. Isso não era feito em larga escala, o que é provado pelo fato de não haver grande mortalidade entre os perseguidores das bruxas.

Enquanto a Inglaterra era apenas semicristã, esse feliz estado de toma-lá-dá-cá prevaleceu. Os padres das paróquias nos distritos do país fingiam não ver o que ocorria; eles próprios assistiam às festas. Padres e mesmo bispos realizaram ritos de fertilidade. Se um padre pusesse uma máscara e fosse às danças não seria reconhecido – ou poderia ser reconhecido e não se preocupar.

Quando a religião do Estado tornou-se real e oficialmente o cristianismo, e a Igreja obteve poder verdadeiro, essas festas foram olhadas com desdém; todas as pessoas respeitáveis deveriam conformar-se aos princípios cristãos, ao menos em público. E pouco a pouco morreu. O povo respeitável tudo sabia do que se passava na floresta, mas olhava isso mais ou menos como os bons burgueses da Escócia viam os Highlanders há trezentos anos – como um clã horrendo, sem deus, ladrão, com quem nenhuma pessoa "ao sul da Highland" admitiria ter relações. Mas essas mesmas pessoas respeitáveis comerciavam com eles, compravam deles gado roubado, pediam-lhes ajuda quando tinham problemas e mesmo se casavam com eles, orgulhando-se desse relacionamento. Quando iam ao norte dessa linha, os mais jovens membros da comunidade, em busca de aventuras ou namoradas, iam frequentemente para dentro desse povo impossível, e eu acho que fato semelhante ocorreu na Inglaterra antes de 1220.

Quando o papa considerou a cirurgia e a bruxaria como crimes, praticamente todo mundo sabia quem era quem e a destruição do Povo Miúdo foi fácil. Então veio a destruição das bruxas da cidade. Elas eram fáceis, também, pois eram pessoas que viviam bem e valiam a pena ser pilhadas. A maioria foi exterminada pelas várias formas de tortura. Mas elas eram também as pessoas de mais valor na comunidade, as pessoas que faziam coisas, entre outros o ferreiro e o construtor, os fazendeiros que plantavam alimento. Os nobres provavelmente protegiam os que podiam, mas mesmo diversos nobres foram atacados e acusados, como a duquesa de Gloucester e Margot Jourdemain, a Bruxa de Eye.

Dizem que o rei Edward III salvou uma bruxa da tortura naquele famoso incidente ao qual a origem da Ordem da Jarreteira foi relacionado. Ele estava dançando com a condessa de Salisbury quando ela deixou cair a jarreteira* que proclamava seu alto escalão no culto. Com o bispo por perto, isso era perigoso, então o rei, sabendo de que se tratava, apanhou-a e a pôs em sua própria perna, dizendo: "*Honi soit qui mal y pense*". Os vitorianos, para quem uma jarreteira era um tanto vulgar, fizeram belos cartões de Natal da "Condessa Enrubescendo"; mas as damas daquela época, e essa dama em particular, eram duras de roer; era preciso mais que uma jarreteira para fazê-las corar. A ligeireza do rei salvou a situação e quase o pôs na posição de deus encarnado aos olhos de seus súditos pagãos. A isso seguiu-se a fundação de uma ordem de doze Cavaleiros para o rei e doze para o príncipe de Gales, ou seja, vinte e seis membros ao todo, ou dois grupos de bruxas. As palavras de Froissart indicam que Edward entendia perfeitamente o significado oculto da jarreteira, pois, segundo ele, "o rei disse a eles que isso seria um excelente expediente para unir não apenas seus súditos uns aos outros, mas todos os estrangeiros com eles em laços de amizade e paz". A dra. Murray aponta que o manto do rei como chefe da Ordem era polvilhado com 168 jarreteiras, que, junto com a sua própria, usada na perna, perfazem 169, ou treze vezes treze: treze grupos de bruxas. Disseram-me que há muito tempo as bruxas tiveram por vezes círculos assim, com um

---

* N. do T.: jarreteira significa liga.

líder comum ou cronometrista. Deve-se notar também que o Livro Negro contendo a instituição da Jarreteira foi subtraído e destruído pouco depois da morte do rei. Vi duas jarreteiras de bruxas; eram de pele de cobra verde com fivelas douradas ou prateadas e forradas de seda azul. Eram usadas no joelho esquerdo. São símbolos de alta posição.

Aliás, alguém poderia explicar-me qual é exatamente o significado do duplo SS no fecho da jarreteira? Às vezes dizem que simboliza a Virgem, às vezes o Espírito Santo *(Sanctus Spiritus)*. A ordem é dedicada à Virgem, mas não vejo como isso poderia referir-se a ela. Também não parece referir-se ao Espírito Santo. Minha razão para perguntar é que em todas as Athama e muitas outras ferramentas de bruxa que eu vi – e vi muitas além das que estão em minha coleção particular – há um certo número de sinais gravados. São sempre os mesmos, na mesma ordem e têm os mesmos significados. É necessário que esses signos sejam postos antes de se consagrar os instrumentos (nos tempos da fogueira, eles eram escritos em tinta e lavados antes da consagração). O terceiro sinal é SS: ou seja, dois S, como no fecho da jarreteira. As bruxas têm sua própria interpretação desse signo (e não tem nada a ver com a Virgem ou o Espírito Santo).

Dizem que preto é uma característica da Ordem da Jarreteira. O Livro Negro, contendo as constituições originais da ordem, foi subtraído, segundo dizem, por razões secretas antes da época de Henry V, como já foi mencionado, e desse Livro Negro veio o importante posto de Black Rod.* Poder-se-ia pensar que deve ter havido importantes razões para se ocultar algo antes que tal livro pudesse ser roubado ou perdido. O recente Hargrave Jennings parece convencido de que havia algum mistério profundo aqui, mas aparentemente não sabia ou, se sabia, não mencionou essa marca de bruxa, que é também mostrada na Chave de Salomão. Tudo isso pode ser pura coincidência, e "a coincidência matou o professor". Mas se ninguém menciona coincidências, há uma pequena chance de encontrar mais fatos; e é fato indubitável que a jarreteira é símbolo de alta posição entre as bruxas e, mais, há um desenho pré-histórico em uma rocha na França que supostamente representa uma cerimônia mágica de bruxas: doze mulheres dançando em torno de um homem que está totalmente nu, exceto pelas jarreteiras. Como não se usaram meias por muitos milhares de anos depois daquilo, elas devem ter algum significado.

Após as perseguições ferozes, era em geral impossível manter os grandes ritos, que eram celebrados apenas muito ocasionalmente. Como os motivos religiosos diminuíam, os ritos eram praticados principalmente por pessoas que tinham uma tendência para o aprendizado místico e, como não era mais possível conseguir poder do modo grandioso e fácil, outros meios para esse

---

* N. do T.: Vara Negra (Oficial da Casa dos Lordes, posto instituído em 1350. O título vem da bengala que o portador usa, um bastão negro com um leão dourado que o encima. Ele é um assistente pessoal do soberano, além de outras funções).

O que São Bruxas?

fim foram cultivados. Além dessa fórmula, é necessário ter algum poder inato de hiperestesia ou previsão que possa ser desenvolvido com a prática. Nos tempos antigos via-se exemplos em toda parte, sabia-se positivamente como funcionava e era fácil obter as ervas necessárias; hoje em dia, embora tendo tudo contra si, essa prática continua de pé.

Uma acusação muito comum mas mentirosa contra as bruxas, era que, as iniciadas eram obrigadas a abjurar do cristianismo. Nas iniciação, uma longa declaração era lida, dizendo à candidata o que lhe seria requerido; mas não se falava de renegar qualquer outra fé. Contavam-lhe que poderia obter benefícios e ajuda na vida futura com o auxílio da deusa, que nada pedia em troca. O pacto com o diabo é besteira; o único juramento é o de silêncio e de ajudar os irmãos e irmãs quando eles precisassem. A pessoa deveria ser formalmente apresentada ao grupo, embora em nome seja apresentada aos Poderosos – os espíritos dos mortos membros do culto que não reencarnaram e que se supõe estar presentes. Não posso ver nenhuma razão real para que alguém não possa ser bom o bastante sendo cristão não ortodoxo e bruxa ao mesmo tempo. Para mim, isso parece mais fácil que ser cristão e comunista. O cristão que acha que reencarnação é heresia, que não apoia nenhuma forma de superstição e que pertence à Liga de Observância ao Dia do Sabá nunca dará uma boa bruxa. É possível que os avós de algumas dessas pessoas tenham chamado o diabo de chefe nos tempos em que falar com o diabo era considerado moderno. Pode-se argumentar que muitas bruxas confessaram ter assinado pactos. Isso é óbvio e eu mesmo o confessaria se fosse torturado o suficiente. Experimentos recentes dos nazistas provam que se pode fazer uma pessoa confessar qualquer coisa sob tortura. Confessando ter negócios com o diabo, elas eram rapidamente condenadas e queimadas, mas evitavam entregar algo essencial. Elas confessavam usar feitiços para ter boas colheitas, sem mencionar os métodos usados e sempre se compraziam em contar sobre o lado alegre, o que era um anátema para o religioso.

É notável que muito do que nossas bruxas confessaram é confirmado pelas práticas das bruxas das Índias Ocidentais e do Congo em nossos dias; além disso, coisas que escritores árabes muito antigos contaram são ainda praticadas por bruxas em Madagascar. Penso que isso deve ser mais que coincidência.

Em dias passados, muitas crianças foram educadas como bruxas. Era fato reconhecido tratar-se de um culto hereditário; muitas crianças foram executadas com suas mães. Na Inglaterra, em 1718, uma bruxa chamada sra. Huke foi enforcada com sua criança de nove anos, assim como uma bruxa queimada em Castledown morreu com seu filhinho, pela única razão de ele ser filho de bruxa. Os puritanos eram fortes na Ilha de Man naquele tempo e conseguiram a condenação. Em outras épocas, os bispos se queixavam de que era impossível fazer um júri de Manx acusar bruxas, de forma que elas eram postas na prisão Bishop em Peel Castle até que morressem de frio e fome. Os Manx tinham um fraco por bruxas, pois elas receitavam bons remédios e poções do amor e eram, até que o metodismo se introduzisse, muito respeitadas.

A maioria delas nasceu no culto, mas por vezes forasteiras eram recrutadas entre aquelas que desejavam ganhar poderes ocultos, aquelas que vinham por curiosidade e principalmente, acho eu, aquelas que se apaixonavam por um dos membros. A sociedade no culto significava tortura e morte se descoberta, mas prometia momentos de felicidade, um alívio parcial no ciclo diário de trabalho e tédio e descanso e camaradagem com o renascimento entre aqueles que ainda amavam este mundo – de fato, uma chance de coisas boas neste mundo e um salvamento do purgatório e do inferno no próximo.

Elas acreditavam firmemente nisso e portanto arriscavam iniciar seus filhos. Se eles as traíssem, significaria tortura e morte para elas. Se fossem fiéis, mesmo assim outra pessoa poderia traí-las, com os mesmos resultados. Mas algumas delas pensavam mais na vida futura e na promessa: "Se leal você caminha para a pira, as drogas chegarão a você, você se sentirá aniquilada, sim, mas irá para a morte e para o que está além, o êxtase da deusa".

A fé do culto está reunida em um livro de bruxa que eu possuo e que afirma que elas acreditavam em deuses que não eram todo-poderosos. Eles desejavam o bem ao homem, desejavam a fertilidade para o homem, animais e colheitas, mas para atingir esse fim eles precisavam da ajuda do homem. Danças e outros ritos davam essa ajuda. Esses ritos eram baseados em magia simpática, a ideia de que os semelhantes se atraem, e também que "o que dá prazer ao homem, dá também prazer aos deuses". Possivelmente, elas pensavam que os deuses podiam sentir o prazer dos homens. Havia também a ideia de que os deuses amavam o homem e compraziam-se com sua felicidade, como uma oposição à ideia do deus raivoso que odeia a felicidade do homem. Nesse livro, há os seguintes versos, sem indicação de quem os teria escrito:

A Bruxa Relembra seu Último Encantamento*

Eu me lembro, ó fogo,
Como tuas chamas uma vez inflamaram minha carne,
Entre bruxas retorcidas por tua chama,
Agora torturadas por ter contemplado o que é secreto
Mas para aqueles que viram o que vimos
Sim, o fogo nada era.
Ah, bem me lembro dos edifícios iluminados
Com a luz que nossos corpos emitiram.
E sorrimos, ao contemplar o vento das chamas por trás de nós,

---

* N. do T.: no resumo do capítulo, a palavra usada foi "Encarnação" (Incarnation) – que faria mais sentido aqui – e não "Encantamento" (Incantation)

O fiel, entre os infiéis e cegos.
Ao salmodiar das orações
No frenesi da chama
Cantamos hosanas a Vós, nossos Deuses,
Em meio ao fogo doador de força,
Dedicamos nosso amor a Vós da Pira.

Penso que isso mostra em que elas acreditavam. Muito frequentemente se diz: Oh, mas as bruxas eram executadas apenas por serem envenenadoras. Agora livremente admito que houve alguns casos de envenenamento suspeito, em que também se alegou bruxaria; houve também alguns casos de bruxaria em que se alegou envenenamento. Mas houve poucos destes últimos; a maioria dos casos era tida simplesmente como bruxaria, ou porque havia alguma causa para suspeitar de conexão com heresia, fadas ou conhecimento proibido ou por rancores pessoais, não comparecimento à igreja, doações insuficientes à Igreja, ou simplesmente porque eram pessoas que se valia a pena pilhar. Houve razões de condenação verdadeiramente inacreditáveis.

CAPÍTULO XI

ALGUNS OUTROS ASSUNTOS

Detalhes sobre o grupo de bruxas moderno e seu círculo – curiosa ausência da taça entre as ferramentas de trabalho das bruxas – substituição do incensório e do pentáculo – bruxas não podem "trabalhar" o clima, mas têm poder de clarividência e de observação sobre ele – períodos da história que foram propícios às bruxas: Atenas, talvez a antiga Creta e o Egito – nos tempos célticos, elas tinham grande espaço, mas oposição em Roma – o obscurecimento da bruxaria pela magia cabalística durante a Renascença – venenos italianos e envenenamentos por ptomaína fizeram recair acusações sobre as bruxas – uma imagem de cera de Elizabeth – seria o conde de Bothwell o líder das bruxas escocesas? – bruxaria moderna condenada pela mudança de condições.

Acho que devo deixar claro que, até onde vai minha experiência, embora o grupo devesse ter tradicionalmente seis casais e um líder no círculo, hoje em dia frequentemente há muito menos. Em um encontro, se houvesse mais de treze iniciados presentes, eles se sentariam fora com os não iniciados e assistiriam ao rito religioso. Se por alguma razão eles fossem chamados ao círculo, outros sairiam para dar espaço e eles seriam então purificados para entrar. Quando os ritos terminavam e se fechava o círculo, todos tomavam parte na dança e na festa. Se fossem, digamos, vinte iniciados e houvesse espaço suficiente, eles provavelmente formariam dois grupos, cada um em seu próprio círculo, com um líder que marcaria o ritmo. Se houvesse ainda mais, formariam três círculos. Hoje em dia, não iniciados nunca estão presentes e as cerimônias são em geral internas, onde haja espaço suficiente para um círculo. Além disso, embora o ideal seja formar-se casais perfeitos de pessoas idealmente ligadas uma à outra e em perfeita sintonia e fazer com que as pessoas se liguem umas às outras, hoje isso nem sempre é possível; os casais certos vão juntos, outros vão sozinhos e fazem como podem. A bruxaria hoje é certamente um caso de "se virar".

Devo explicar um outro assunto. No início, eu estava confuso pela ausência da taça entre os instrumentos de trabalho das bruxas e a inclusão de um pentáculo sem importância, que dizem usar para comandar espíritos; além disso, enquanto as bruxas assumidamente praticam uma forma de espiritualismo, pedindo a espíritos idos que voltem ou se comuniquem, elas não evocam, em geral – ou seja, comandam –, nem espíritos nem elementais a aparecer para, por intermédio de comandos, subornos e sacrifícios, fazer-lhes prestar serviços. Isso é mais notável porque, graças à sua ligação com os feiticeiros, elas conhecem tais práticas. Além disso, na explicação das ferramentas de trabalho, mencionam-se tais assuntos. A resposta que consegui é: nos tempos da fogueira, isso era feito deliberadamente. Qualquer menção à taça levava a uma orgia de tortura, pois os perseguidores diziam que era uma paródia da missa; também a corrida ou dança no bastão ("vassoura") foi cortada. O incensório e o pentáculo foram substituídos e deram-se explicações que satisfaziam a expectativa dos perseguidores. Se todas contassem mais ou menos a mesma história sobre o que haviam aprendido – porque era mesmo verdade e concordava com a história das outras –, por que se incomodar com mais tortura? A bruxa fora acusada e, se ela não fugisse ou morresse na prisão, seria rapidamente queimada e seus problemas estariam terminados. A pobre coitada que não era bruxa iniciada é quem era torturada muitas e muitas vezes, pois não sabia o que dizer e não podia inventar uma história passável. Essa explicação é a que acredito plausível. Naturalmente, por vezes, bruxas individuais podem ter tentado trabalhar com elementais, mas o sentimento geral é que "eles geralmente são maus, dá azar ter negócios com eles; a deusa é doce e gentil e não gostaria disso. É errado opor-se a seus ensinamentos". Claro que estou falando apenas das bruxas que pertencem ao culto. As sábias da cidade, que liam a sorte, podem ter feito qualquer coisa.

As bruxas são constantemente acusadas de conjurar tempestades. Minha informante simplesmente não sabe e, pelo sistema de magia que elas usam, não vejo como poderiam fazê-lo, exceto, é claro, pedindo a seus deuses. Em outras palavras, *"por meio da oração"*. Elas sabem vagamente que derramar água, especialmente sobre uma virgem nua, poderia produzir chuva, mas não têm qualquer rito ou cerimônia para esse efeito ou, se tinham, não foi preservado. Tanto na Primeira como na Segunda Guerra Mundial, houve histórias de que os alemães eram capazes de trabalhar o clima em causa própria e as bruxas se perguntavam se era verdade e, se fosse, como seria feito. Sem dúvida, nos velhos tempos, parte do serviço das bruxas era trabalhar o tempo, mas isso parece ter sido feito em linhas de bruxas estudiosas: com seus poderes de clarividência e observação, elas sabiam que a chuva estava chegando e só começavam a "fazer chuva" quando sabiam que ela estava perto. Da mesma forma, elas sabiam quando uma longa seca viria e podiam avisar os fazendeiros. Se um tempo bom para as colheitas fosse esperado, elas diziam aos fazendeiros que deixassem a colheita amadurecer; se fosse vir a chuva, que reunissem mãos para a colheita e deixassem as coberturas prontas no caso de chuva iminente. Elas não consideravam isso charlatanismo. Como elas dizem, metade de seu poder vem do povo que acredita nelas e vão lhes pedir conselho. Se as pessoas soubessem como é feito, diriam: "Vamos tentar também"; um trabalharia contra o outro e seria o caos. As bruxas querem um bom governo, quieto, regular e comum, com todos contentes e felizes, cheios de alegria e brincadeiras em vida, afastando qualquer medo da morte; pelo contrário, com a velhice, a ideia da morte seria bem-vinda, como um lugar de paz e descanso, onde se rejuvenesce novamente e se fica pronto para outro giro na terra.

Infelizmente, poucos períodos da história aceitaram as bruxas. Pessoalmente, acho que em Atenas o sistema delas, ou algum parecido, obteve grande sucesso, apesar das muitas guerras ocorridas, e eu sinto, baseado em nada mais que um pressentimento, que isso aconteceu da mesma forma em Creta. Também é bastante possível que algo assim tenha ocorrido no Egito, mas não tenho nenhuma evidência disso.

Acredito que nos tempos célticos e pré-célticos as bruxas tinham bastante espaço e usavam seus poderes sabiamente e com moderação. Em Roma, acho que havia muita oposição de seitas conflitantes, por causa do caráter romano, da mistura da população e, claro, do cristianismo, que junto com várias guerras e invasões as deixou fora de circulação por mil anos.

Por volta do tempo do fim das cruzadas, porém, a mente dos homens começou a ficar mais aberta; o choque da total derrota e destruição dos cruzados e as novas ideias que eles trouxeram do Oriente fizeram os homens pensar. Isso poderia trazer consequências benéficas para as bruxas. Mas o papa Inocêncio III via claramente que isso seria muito ruim para a Igreja, e seria mesmo, embora eu não o possa ver como uma conspiração direta contra Cristo, como se disse. A tolerância deveria ser evitada a qualquer custo; então começou a perseguição. Havia muitas coisas que invejosos e puritanos detestavam, de forma que eliminaram a bruxaria.

Durante a Renascença, poder-se-ia esperar um renascimento da bruxaria; mas naquela época as mentes dos homens, embora estivessem mais abertas, tinham também se voltado para as magias cabalísticas e os estudiosos haviam descoberto muitos tipos novos de veneno. Todos prometiam efeitos rápidos e fáceis de conseguir. Na Inglaterra, no tempo de Elizabeth, havia estudo e mais liberdade de pensamento; mas os venenos italianos chegaram ao mesmo tempo e foram usados; parece ter havido também muitos envenenamentos por ptomaína, devido ao maior comércio e importação de bens, e a culpa foi posta nas bruxas. O sentimento religioso ainda era forte. Nenhum lado dava importância à tolerância que as bruxas pregavam. Após alguém ter feito uma imagem de cera com a sua cara e espetado alfinetes nela, Elizabeth ficou persuadida que o culpado era uma bruxa ou um feiticeiro e aprovou uma lei contra a bruxaria e a magia. Praticar a magia podia levar alguém ao pelourinho, mas houve poucas acusações e a maioria delas deve ter sido simples envenenamento. Se alguém fosse morto com uma espada, veneno ou magia, era assassinato, um crime contra a lei comum. O papa fizera da magia um crime e os bispos tomavam a lei mais ou menos em suas mãos; mas não era a lei do país. Acho que se Elizabeth tivesse tido filhos e eles tivessem continuado sua política, teríamos uma ideia muito diferente de bruxas e os Jogos de Maio e semelhantes ainda seriam realizados; aqui ainda poderia ser uma Inglaterra feliz. Infelizmente, ela morreu sem deixar herdeiros.

Na Escócia, o conde de Bothwell era conhecido como possuidor de grandes poderes entre as bruxas escocesas, ou talvez ele fosse o verdadeiro líder delas. James acreditava que ele estava tentando matá-lo usando esses poderes para chegar ao trono. Torturas terríveis e intermináveis produziram algumas confissões e a grande perseguição começou. Os puritanos tiveram sua chance e começaram a perseguição na Inglaterra. Dizem que as grandes rebeliões foram fomentadas porque Charles I fez objeções quanto a condenar as pessoas à morte por bruxaria sem evidência ou contra todas as evidências (ver *Four Centuries of Witch Beliefs*, de Mervyn Peake). De qualquer modo, a caça começara de novo. Qualquer pessoa com probabilidade de ser bruxa deveria ser exterminada, e seus filhos também.

Alguns Outros Assuntos 127

Apesar disso, as bruxas ainda resistem. Elas deliberadamente nada sabem sobre os outros grupos. Se não sabem, nada podem contar, pois quem sabe quando a perseguição pode irromper novamente? Mas penso que devemos nos despedir da bruxa. O culto está condenado, temo, parcialmente por causa das condições modernas, da diminuição das casas, da pequenez das famílias modernas e principalmente da educação. A criança moderna não está interessada. Ela sabe que as bruxas são todas uma fraude – e aí está o grande medo. Já ouvi dizerem: "Eu simplesmente adoraria trazer Diana para cá; ela ia amar e ela tem os poderes, eu sei disso; mas suponha que num momento de distração ela conte na escola que eu sou uma bruxa? Eles a ameaçariam e a importunariam e o Conselho do Condado ou algo assim viria e a afastaria de mim e a mandaria a uma escola escolhida. Eles fazem coisas tão terríveis com essas leis modernas..." Diana crescerá e terá namorados, não está interessada, ou está interessada, mas se casou e seu marido não se interessa, assim o grupo morre ou consiste de pessoas velhas e moribundas.

A outra razão é que a ciência a desalojou; boas previsões do tempo, bons serviços de saúde, jogos ao ar livre, banhismo, nudismo, cinema e televisão substituíram com vantagem a tarefa da bruxa. O livre-pensamento ou o espiritualismo, de acordo com as inclinações da pessoa, afastaram o medo do inferno que a bruxa fazia desaparecer, embora nada ainda tenha substituído seus maiores dons: paz, alegria e contentamento.

Capítulo XII

Quem é o Diabo?

O ano gaélico e os festivais das bruxas – o deus representado pelo Grande Sacerdote, conhecido como Diabo – originalmente ele era um homem culto ou um druida – o Deus Cornudo é substituído pelo homem mascarado – como as bruxas reconheciam o Diabo? – elas adotaram a calúnia da Igreja e adotaram Satã para aumentar seu poder – descobertas da caveira com ossos cruzados em túmulos do século XIV e anteriores na Ilha de Man – teria sido Osíris cultuado ali? – enterros similares em Yorkshire – o signo é um símbolo de morte e ressurreição – uso de cintos como cordões para a amarração mágica – as questões da rainha de Sabá para o rei Salomão sobre ocultismo – procissões das bruxas tomam as cores da localidade e as superstições em voga – nomes dos deuses das bruxas não são revelados.

Acho que é bastante conhecido o fato de as bruxas observarem quatro grandes festivais: vigília de maio, vigília de Agosto, vigília de novembro (*Halloween*) e vigília de fevereiro. Eles parecem corresponder às divisões do antigo ano gaélico, com os quatro festivais do fogo de Samhaim ou Samhuim (1º de novembro), Brígida (1º de Fevereiro), Bealteine ou Beltane (1º de maio) e Lugnasadh (1º de agosto). Diz-se que os festivais correspondentes ao meio do inverno e ao meio do verão foram fundados em honra de deidades femininas: Brígida é uma deusa muito antiga dos serviços domésticos e da família, Lugnasadh foi fundada por Lugaidh em honra de sua "babá" Taillte. Dos festivais das bruxas, por outro lado, os dois festivais de verão são em honra da deusa, em que ela tem a prioridade, e os dois de inverno são aqueles em que o deus tem a prioridade. Na prática, parece-me que no verão a deusa tem a prioridade, montada em uma vassoura (ou algo semelhante) à frente do deus, se ele estiver presente; porém no inverno ele não é superior a ela, mas apenas um seu igual; ambos correm lado a lado. Claro que é verdade que no verão as orações principais se dirigem à deusa, enquanto que no inverno é principalmente o deus que recebe as orações.

O deus é representado pelo Grande Sacerdote (se houver um) e era ele que recebia o nome de Diabo nos antigos tempos. Eu tinha muita curiosidade a esse respeito e perguntei uma vez, quando estava "dentro": "Quem e o que é chamado Diabo?" Embora membros do culto nunca usem e, realmente, não gostem do termo, sabiam do que eu falava e disseram: "Você o conhece, o líder. Ele é o Grande Sacerdote, o marido da Grande Sacerdotisa".

Isso, embora seja verdade, não era a resposta exata. Esta seria: "Ele é qualquer um que a Grande Sacerdotisa aponte para tomar essa posição". Na prática, ela sempre escolhe seu marido se ele for de escalão suficiente; mas ela pode apontar qualquer um que se encaixe, inclusive ela própria; põe uma espada na cinta e age como um homem. Antigamente, um visitante distinto era comumente o escolhido.

Nos tempos em que o povo das florestas fazia seus encontros, o Grande Sacerdote era um homem de grande saber no culto, um chefe tribal ou um druida; muito provavelmente todos sabiam quem ele era. Ele era o Deus Cornudo, recebia honrarias divinas e talvez tivesse prioridade sobre a Grande Sacerdotisa; mas, quando o povo das raças mestiças tornou-se forte no culto, deve ter havido uma época em que o homem mascarado (desconhecido) tomou seu lugar; muito provavelmente era uma senhor feudal normando ou um clérigo local que protegia o culto em segredo. É muito provável que tenha havido um acordo para que, em um encontro, o mascarado desconhecido (que por conveniência chamarei Diabo) tomasse o lugar e, no próximo, o velho e conhecido chefe tribal o fizesse. Parece bem provável que isso dependesse de arranjos locais. Logo se percebeu que a congregação não iniciada de fazendeiros, pescadores e semelhantes tinha tanto pavor do grande desconhecido que o culto se tornou mais poderoso e que então, mesmo quando o antigo chefe tribal representava esse papel, ele também vinha mascarado e incógnito. A Igreja o chamou de "Diabo" e ele se tornou conhecido como tal.

"Se esse misterioso homem aparecesse", perguntei, "como vocês o reconheceriam?", e acho que elas fizeram piadas a esse respeito. Elas não saberiam se ele era genuíno ou não! Isso nunca aconteceu, ao que elas sabiam; mas sempre havia a possibilidade de alguém de outro grupo aparecer e exigir esse direito. Na verdade, a Grande Sacerdotisa disse: "Eu falaria com ele e, se eu achasse que ele tem realmente um grande conhecimento e eu gostasse dele e o achasse interessante, tratá-lo-ia como um visitante distinto e o escolheria naquele dia. Outra Grande Sacerdotisa poderia pensar de outro modo". Ela continuou: "Gostaria que um da espécie antiga, um grande protetor, aparecesse, com uma casa bem grande e espaço para nos emprestar para os encontros. Se ele realmente fosse um de nós, eu não me importaria muito com seu grande conhecimento; eu o escolheria e lhe ensinaria o ofício". Logo, há uma chance para quem quiser ser o Diabo!

Acho que fui bem claro. O Diabo é, ou antes era, uma invenção da Igreja. As bruxas acharam que a visão popular de que Satã era uma delas só aumentava seu poder e por isso o adotaram, embora nunca o tenham chamado pelo nome, exceto, talvez, no esticador; e mesmo então, como a dra. Murray apontou, algumas vezes a confissão sob tortura faria com que ele fosse chamado de deus, mas a transcrição feita na corte substituiria a palavra por Diabo. Não se pode culpar as pobres bruxas por isso. As torturas que as bruxas sofreram fariam qualquer um confessar qualquer coisa. Alguns grandes homens da época disseram: "Se eles fizessem isso comigo eu confessaria que matei Deus Pai, Filho e Espírito Santo e a Virgem".

Antes de terminar, eu gostaria de mencionar um ou dois assuntos finais que podem ter alguma importância no assunto da bruxaria, na esperança de que alguém possa me dar mais alguma informação.

Em Rushen Abbey, perto de Castletown, algumas curiosas descobertas foram feitas (ver artigos na obra *Isle of Man Natural History and Antiquarian Society Proceedings*, março de 1935). W. Christian Cubbon escreveu:

> "Há outra observação que merece menção especial. Sua importância ainda não foi explicada. Refiro-me ao utensílio encontrado por vezes em enterros do século XVIII, a caveira com ossos cruzados. Isso foi encontrado aqui no próprio túmulo, feito de ossos reais. As cabeças isoladas foram encontradas com fêmures humanos cruzados sob os queixos e pelo menos um dos esqueletos tinha esses ossos sobre seu próprio queixo; isso ainda pode ser visto em Rushen Abbey. Entre as discussões, disseram que essa peculiaridade havia sido descoberta na Irlanda, mas ignorada como acidental ou sem importância maior. Em um dos túmulos encontrou-se uma figura de bronze do deus egípcio Osíris; Reginald Smith, do Museu Britânico, e Sir Arthur Keith dizem que é da era pré-romana."

Cubbon, que os escavou, contou-me que essa figura fora encontrada no túmulo de um homem com fêmures sob o queixo. Vi esse esqueleto; as pernas estão completas e juntas, logo, fêmures de outra pessoa foram usados. Examinei a figura, que é o tipo usual de Osíris, com uma espada curta e um chicote cruzado sobre o peito – símbolos da morte e da ressurreição, acredito eu. É fascinante, mas improvável, pensar que o culto de Osíris tenha chegado à Ilha de Man em data tão antiga e eu sugeriria que a imagem foi vendida por algum peregrino inescrupuloso como a figura de um santo, ou algo assim. Os ossos aparentemente foram enterrados nos tempos normandos primitivos e são identificados como os do rei Olaf e sua família, massacrados em 1142 (provavelmente as cabeças sem corpo foram penduradas em mastros). As pessoas sugerem também que fossem piratas e por isso foram enterrados dessa forma. Mas a caveira e os ossos cruzados só foram adotados pelos piratas no século XVII, apesar do que os filmes e os livros para garotos dizem.

O professor Varley, da University College, Accra, contou-me ter escavado muitas caveiras com ossos cruzados em Lisset, distrito Leste de Yorkshire, durante a construção de um aeroporto em 1940. Havia pressa em construí-lo por causa da guerra e ele não tinha equipamentos para datá-los; mas pessoalmente ele acreditava serem do período viking. Ele disse ter mandado todos seus relatórios ao sr. Elmer Davis, do Cardiff Museum, e não ouviu mais falar neles, de forma que suas anotações não foram publicadas.

O próprio professor Varley não tem ideia da razão ou do significado desses enterros e estava interessado em saber de sua ocorrência em outros lugares.

Assim, temos casos desses enterros em Man, Yorkshire e Irlanda. As pessoas reverenciam seus mortos e não fazem tais coisas por diversão; deve haver algum significado para isso. Se fosse simplesmente o caso de pessoas que foram decapitadas, de onde teriam vindo os ossos cruzados, e eles pertenceriam às próprias pessoas ou a alguém mais?

Foi sugerido que fossem casos de canibalismo, com as cabeças sendo enterradas e os corpos, comidos. Mas canibais não enterrariam outros ossos com as cabeças e, normalmente, quebram os ossos maiores para comer o tutano; mas esses fêmures estão todos intactos.

O signo da caveira com ossos cruzados é encontrado frequentemente em antigas tumbas e cemitérios; acredito que isso remonta ao tempo dos romanos e é o símbolo da morte e da ressurreição. Quando me tornei maçom, ensinaram-me que a caveira com ossos cruzados representava a "morte", e a estrela flamejante, a "ressurreição". Essa estrela é também um pentáculo. Como eu disse, nos antigos tempos as bruxas usavam uma caveira e ossos cruzados para representar seu deus quando seu representante, o Grande Sacerdote, não estava presente. Hoje em dia, a sacerdotisa assume uma posição semelhante à de Osíris para representar o deus em sua forma de morte, então abre seus braços para representar o pentáculo, a ressurreição. O primeiro gesto também representa um triângulo formado pela cabeça e cotovelos e o segundo uma estrela de cinco pontas (pentáculo). Tanto o triângulo quanto o pentáculo têm significados especiais para elas. Já contei a história do Senhor de Sidon e que a caveira com ossos cruzados se tornou um talismã para a Ordem dos Templários. Comentaristas sempre supuseram que essa história viera de algum espião que viu e entendeu mal algum ritual que estava sendo praticado. Embora se diga que houve muito de "político" na perseguição aos Templários, os encarregados das perseguições tentavam tornar as acusações plausíveis. Naquela época, muitas igrejas tinham caveiras e ossos de santos a que eram dadas honrarias divinas; presume-se que o costume Templário tinha algo de diferente. Como prestar honras a uma caveira era comum em todas as igrejas, ela representaria nesse caso "morte e ressurreição"? Seria isso honrar o "deus da morte e o que está além"? Haveria alguma conexão possível entre essas crenças e aqueles enterros?

Outra acusação contra os Templários era que eles usavam cintos ou cordões que tinham algum significado oculto. Por vezes se disse que esses cordões serviam para amarrar a cabeça que eles adoravam. Diversos escritores dizem que em seus cintos estava sua idolatria. A Igreja também acusou os cátaros de usar um cordão, insinuando que havia algo de muito mau nisso.

A Igreja então, na época, acusou as bruxas de conjurar tempestades, envenenar poços e outros crimes sérios – e de usar cintos! Claro que essa poderia ser apenas uma acusação de praxe, feita contra todo mundo; mas parece que significava algo para o público em geral, ou não teria sido usada em tempos em que todos os monges, frades e freiras usavam uma corda como cinto. Escritores, confusos com essas acusações, sugeriram que esses cordões estavam de alguma forma ligados à tripla corda que os brâmanes indianos usam; mas isso seria improvável naquela data.

Uma bruxa tem oito instrumentos de trabalho. Desses, cinco são usados apenas com fins específicos; mas há três que ela deve ter em todas as operações; cordões estão entre esses três. Por vezes, ela pode usar o cordão como cinto, para disfarçá-lo.

J. S. M. Ward, em *Who Was Hiram Abif?*, cita a lenda dos judeus sobre as 22 questões com as quais Balkis, rainha de Sabá, testou o conhecimento do rei Salomão. Presume-se que essas questões se refiram às cerimônias secretas de iniciação de Astarte-Tammuz. A questão 9 é peculiar e se refere claramente às coisas usadas para ritual ou magia.

Rainha de Sabá: "Quais são os três que nunca morrem, nem precisam de pão dentro de si e que salvam os vivos da morte?"

Salomão: "O bastão, o cordão e o anel".

O bastão é a "varinha" do condutor de almas, que as leva ao submundo. O cordão é a corda com o que o candidato é amarrado, uma vítima de bom grado preparada adequadamente para o sacrifício. O "anel" simboliza a *Vesica piscis* do renascimento.

As bruxas acreditam que muito de seu conhecimento veio do Oriente e acham que há práticas de bruxas descritas na Cabala, notadamente os versos 964-969 da Assembleia Mais Sagrada do Livro de Zohar e em outros lugares. Coisas similares ocorreram na maioria dos cultos religiosos na mesma época, mas acho que foi um cabalista que mostrou essas passagens a elas.

Em referência à história que as bruxas me contaram sobre seus disfarces e corridas para assustar as pessoas, mencionarei o seguinte, citado por Christina Hole. A srta. Burne, em seu *Shropshire Folklore*, relata uma história contada por uma garotinha que estava com seu pai nas proximidades de War Minsterley quando eles viram uma grande companhia de cavaleiros trajados de forma esquisita. O pai aparentemente sabia do que se tratava e a fez ajoelhar e cobrir seu rosto, dizendo que ela enlouqueceria se não o fizesse. Mas a menina olhou através dos dedos e deu uma ótima descrição do líder, um homem com uma capa verde, um chapéu verde com uma pena branca e um cinto dourado com uma espada e um chifre de caça na mão.

Havia também uma dama vestida de verde, com uma fita branca ornada de dourado e uma adaga no cinto. Seu longo cabelo loiro descia até a cintura. Havia uma tropa de outros que passavam perto e não lhes causavam dano.

A velha superstição dizia que Woden* estava caçando e que ninguém podia olhar para um deus sem se prejudicar; a pessoa seria morta ou, ao menos, cegada. Quem quer que ouvisse a caçada selvagem se aproximando se deitaria, escondendo o rosto na grama. Garotinhas inventam histórias; mas esta parece mais verdadeira que outras. Se ela tivesse visto tal corrida, não a teria descrito de outro modo.

É pena ninguém ter perguntado ao pai o que ele viu ou o que sabia. Claro que a menina pode ter contado como acontecido a ela o que na verdade aconteceu com sua bisavó. Deve ter existido tal tradição e muitas das bruxas seriam o que chamávamos, há trinta anos, "jovens brilhantes", de forma que seus sabás eram quase tão maus e loucos quanto um coquetel tumultuado ou uma festa de Natal de antigamente, quando as pessoas não tinham medo de se apreciar. Se fossem cavalgadas de bruxas, fica óbvio o porquê de os cavaleiros terem nomes diferentes em lugares diferentes. Quando a moda era o Diabo, o líder se vestiria de Satã; quando eram outros, como Woden, o rei Artur em Somerset, *Sir* Walter Calverley em Yorkshire e Wild Eric em Shopshire, sem dúvida o líder saberia se vestir de acordo.

Enquanto eu escrevia, fui questionado: "Por que as bruxas não lhe deixam contar os nomes de seus deuses? Seriam eles Satã ou Belzebu?" Deixem-me assegurar-lhes de que não há quaisquer nomes de demônios. Ocultar os nomes de deuses é uma antiga prática. Entre os deuses egípcios, os nomes reais de Amon e de outros deuses cujo nome era sagrado são desconhecidos. Com referência ao deus que chamamos Osíris, Heródoto, que era iniciado, diz, falando sobre a exposição da vaca sagrada: "Na estação em que os egípcios se batiam em honra de um de seus deuses cujo nome não quero mencionar..." e "Neste lago é que os egípcios representam à noite os sofrimentos daquele cujo nome hesito em mencionar". Ele conhecia tais nomes; mas eles eram secretos.

* * *

---

* N. do T.: Woden ou Odin (Deus da guerra e da sabedoria).

Capítulo XIII

Recapitulação

O que é o "Poder" das Bruxas? – *dificuldades em registrar os ritos das bruxas – Aleister Crowley usa seu próprio sangue – a falha do método experimental, uma vez que os efeitos das bruxas dependem de sentimentos reais – a origem das histórias de bruxas que viravam animais – relato de uma bruxa sobre uma crença de quinhentos anos – "os deuses precisam de nossa ajuda, vamos para seu lindo país quando morremos e renascemos entre nosso povo e nosso sofrimento nos aperfeiçoa" – outra narrativa: "algo parece esbarrar em minha alma" – dificuldades nos gritos agudos e danças barulhentas – a dança do encontro – um método para enlouquecer – a dança das bruxas está na origem da valsa através da* Volta *– o relato da dra. Margaret Murray sobre a pintura de um bruxo no século XVII e seu* familiar *– Robert Graves imagina um governo ideal semelhante ao da antiga Creta – o êxtase da deusa é atingido de diversas maneiras, mas a realização regular dos ritos é necessária.*

Sacrifício de Sangue – *não é necessário, mas pode ajudar a materialização – mentiras sobre o sacrifício de bebês inventadas pela Igreja para obter taxas de batismo.*

Sabás – *possível derivação de Sabazius, mas mais provavelmente adaptado do Sabbath cristão.*

As bruxas podem fazer poções de amor? – *conselhos sobre como unir jovens.*

É possível para as bruxas fazer mal às pessoas? – *o uso de uma bateria de vontades humanas – a tradição dominicana de orações para amaldiçoar e uma maldição moderna em uma Igreja da Ciência Cristã.*

Marcas das bruxas – *significados de certos braceletes e sinais e também de colares.*

As ferramentas das bruxas – *ferramentas antigas sempre são melhores, pois têm mais poder – basta ter uma faca de bruxa, um incensório e um cordão, etc. – disfarce das ferramentas – uso do incenso e do óleo corporal.*

O que é o Poder das Bruxas? – *essencialmente, a mente sobre a matéria, utilizando vontades humanas acumuladas, focadas em uma parte de uma pessoa – confirmação moderna desse método por meio da radiestesia ou rabdomancia, um tipo natural de controle sem fio – o autor visita a Costa do Ouro da Nigéria para traçar ligações com o Vodu – "há muitos caminhos que levam ao centro" – magias de todos os tipos tentam evocar espíritos e creem em seu poder sobre os fenômenos naturais, usando sangue, etc. – a bruxa repudia tais métodos, mas acredita em influenciar a mente alheia com hipnotismo de longo alcance – o poder da determinação – o autor define o trabalho do antropologo como a investigação de pessoas e crenças, fora das teorias moralistas – a bruxaria poderia controlar a bomba de hidrogênio?*

O Que é o "Poder" das Bruxas?

Percebo ter escrito doze capítulos; assim, como este é um livro sobre bruxas, acho que devo escrever outro para completar treze e assim dar algumas explicações finais.

Primeiro devo esclarecer – sou um humilde membro de um grupo de bruxas. Não sou seu chefe ou líder de forma alguma; tenho de fazer o que me dizem.

As pessoas frequentemente falam como se eu possuísse um grupo e pudesse mandá-los fazer espetáculos públicos. Eu posso, e ocasionalmente o fiz, apresentar pessoas a uma bruxa, quando a bruxa concorda de boa vontade. Nada posso fazer além disso.

Ritos

Pediram-me para fotografar os ritos. Isso normalmente não é permitido – elas não querem ser reconhecidas. A outra dificuldade é que os locais de trabalho são normalmente pequenos. O círculo fica no centro e eu não poderia distanciar-me o suficiente para focalizar o grupo, mesmo se elas deixassem.

Muitas pessoas dizem: "Vivemos na Inglaterra a vida toda e nunca vimos uma bruxa, por isso não acreditamos que elas existem". Apenas posso responder: "Estive em Roma muitas vezes e, embora sem nunca ter tido o prazer de ver o papa, não tenho a menor dúvida de que ele existe". Muitas pessoas dizem: "As bruxas usam sangue e todos os tipos de coisas indecentes em seus ritos". Minha resposta é: "Nunca vi fazerem isso e minhas amigas dizem que não usam essas coisas". Seus escritos as proíbem de usar sangue ou qualquer coisa que possa causar dor ou medo, embora admitam que sangue recém-derramado possa dar poder. As palavras exatas são: "O poder brota de sangue recém-derramado, mas o uso de um animal, por exemplo, é odioso e cruel".

Porém, uma amiga bruxa me sugeriu que o uso de sangue derramado de seu próprio corpo seria permitido. O saudoso Aleister Crowley realizava ocasionalmente uma cerimônia em que cortava seu peito e usava seu sangue, e é bastante possível que algumas bruxas façam o mesmo. Tudo o que posso dizer é que não tenho conhecimento disso. A mesma bruxa, em resposta a uma sugestão de um membro da Sociedade de Pesquisas Psíquicas, disse:

"Não sei se a realização de uma série de experimentos mágicos para observar o resultado no interesse da pesquisa psíquica poderia funcionar. Se as pessoas tivessem apenas um pouquinho de *experiência prática* elas nunca fariam tal proposta, pois em uma operação mágica de sucesso um dos estímulos mais fortes é o *fator emocional*. Antes de que você possa fazer qualquer mal para seu inimigo com uma imagem de cera, você deve sentir uma raiva genuína e espontânea, como se fosse surrá-lo fisicamente.

"Antes de poder fazer uma poção do amor, você deve sentir desejo *genuíno* e apaixonado pelo outro. Esses estados de mente não podem ser ativados e desativados à vontade para agradar à Sociedade. Acredito que o mesmo se aplique a projeções astrais. Os registros que temos de projeções bem-sucedidas é quase sempre resultado de desejo forte e espontâneo. As exceções são os casos de pessoas com saúde frágil."

Essa é simplesmente a opinião de uma bruxa, mas acho que é bem sustentada. Ela fala como se conhecesse algo sobre imagens de cera, mas diz que é apenas conhecimento comum. Até agora não encontrei ninguém que soubesse o rito exato para isso. Não tenho a menor dúvida de que alguns ainda o conhecem, embora não o admitam. Eu particularmente quero consegui-lo porque acho que deve estar mais ou menos inalterado desde o tempo em que o homem das cavernas o praticava, e esse conhecimento poderia dar-me alguma ideia sobre como o homem das cavernas pensava.

Perguntei às bruxas qual era a origem das histórias segundo as quais elas viravam animais. Para elas, é só uma piada; mas elas têm lembranças de histórias confusas de que por vezes brincavam, como as crianças. Se elas estivessem cruzando o país, por exemplo, elas diriam: "Vamos como as lebres", e tentavam imitar lebres correndo; ou como bodes, dando-se cabeçadas, ou como renas; e há também uma sugestão de que nos tempos das fogueiras elas foram assim instruídas: "Se você vir alguém se comportando como um animal, ele se torna um animal. Se questionada, diga que você não viu nenhum homem, mas apenas uma lebre, um bode, etc., pois se você simplesmente mentisse e dissesse que não viu ninguém, eles podem descobrir que você está mentindo, mas se você disser ter visto alguns bodes e acreditar nisso, você faria a cara da verdade, mesmo sob tortura".

Claro que há uma crença muito difundida sobre homens que se transformaram em animais, e a explicação das bruxas pode não ser a verdadeira, mas é a única que elas conhecem.

Em resposta a outras questões, uma delas me contou o seguinte, e eu acho que essa crença deve ter de quatrocentos a quinhentos anos, pelo menos:

"Na crença cristã, há um Deus bom, ou um que é bom para você, que você diz ser todo-poderoso e que deseja grandemente ter adoradores. Você não deve pedir diretamente a *Ele* o que você quer, mas rezar para algum santo, que é um homem morto, da forma como o vemos, embora alguém a quem poderíamos chamar de morto poderoso, e você deve lhe dar dinheiro antes de esperar receber favores. Mas por que deveria um Deus todo-poderoso, ou seus mortos poderosos, precisar eternamente de dinheiro? *Nossos* deuses não são todo-poderosos, eles *precisam* de nossa ajuda. Eles desejam o bem para nós, a fertilidade para o homem, o animal e as colheitas, mas precisam de nossa ajuda para produzir tudo isso; e por intermédio de nossas danças e outros meios eles conseguem essa ajuda.

"Quando morremos, vamos para o domínio dos deuses, onde, tendo descansado um pouco em seu lindo país, somos preparados para nascer de novo nesta terra; e se realizarmos os ritos corretamente, pela graça da Grande Mãe vamos renascer entre aqueles que amamos e nos lembraremos, os conheceremos e amaremos de novo, enquanto aqueles que fazem o mal terão um duro aprendizado no domínio dos deuses antes de estarem prontos para nascer de novo e isso acontecerá entre estranhos. Nascendo de novo, progredimos sempre, mas para progredir é preciso aprender, e aprender sempre significa sofrer. O que suportamos nesta vida nos faz melhores para a próxima, de forma que somos encorajados a suportar todas as provas e problemas aqui, pois sabemos que eles nos ajudarão a atingir coisas maiores. Os deuses nos ensinam a buscar o tempo em que não mais seremos homens, quando nos tornaremos um dos Poderosos.

"A nossa religião é de amor, prazer e entusiasmo. A frágil natureza humana necessita de um pouco de calor e conforto, para nos aliviar da dureza e da miséria da vida e da fria austeridade da pregação da Igreja – conforto no coração, não em algum distante paraíso além do túmulo.

"Adoramos o divino espírito da criação, que é a Primavera da Vida do mundo e sem o qual o mundo pereceria. Para nós, esse é o mistério mais sagrado e santo, prova de que Deus está dentro de nós e cujo comando é: 'Crescei e multiplicai.' Tais ritos são feitos de maneira sagrada e reverente."

Outra diz: "Sempre escolhemos aqueles que têm um poder inerente e lhes ensinamos; eles praticam um com o outro e desenvolvem esses poderes. Buscamos apenas viver sossegadas e adorar nossos deuses do nosso modo, apreciar-nos como quisermos e ficarmos contentes e em paz. A arte só vem quando se desenvolve o poder próprio e não com o toque de uma varinha mágica. É uma estranha experiência mística. Você se sente diferente, como se muitos dejetos houvessem sido jogados fora. Há algum estranho mistério na adoração, delicado como um sonho. É como se eu estivesse em um transe durante os ritos; mal posso me lembrar do que aconteceu; algo esbarra em minha alma e sempre penso nisso com entusiasmo – os velhos segredos de alegria e terror aceleram minha circulação".

Lembre-se disso: você nunca avança se seu sangue não for agitado e acelerado, pois "sangue é vida". O fato é que os ritos afetam a maior parte, senão todas, as pessoas de um modo curioso e elas normalmente se sentem muito melhores após realizá-los. Isso não é apenas sugestão, pois iniciados que nada sabem sobre isso sentem exatamente o mesmo.

Nos velhos bons tempos, quando você se afastava um quilômetro da aldeia, podia ter certeza de que não estava sendo espionado, pois todos os que não eram do ofício se apavoravam com o escuro, de forma que era possível realizar as antigas danças, com muita música, gritos agudos, cantar e fazer todo o barulho que se quisesse. Mas hoje em dia precisamos trabalhar em pequenas salas, em que não se pode fazer nenhum barulhinho sem que os vizinhos reclamem. O resultado é que as velhas danças estão sendo esquecidas. A dança do círculo pode ser mantida, desde que se dance em silêncio, mas os chamados – longos gritos agudos, que vibram e produzem terror – não podem ser usados. A espiral ou dança do encontro é realizada às vezes, se houver espaço. É uma espécie de dança "siga o líder", sendo normalmente a sacerdotisa a liderar, dançando no sentido horário em uma espiral em direção ao centro e virando-se de repente para desenrolar a espiral. Quando faz isso, beija cada homem com quem encontra e as outras mulheres fazem o mesmo. Elas dizem que se chama dança do encontro porque antigamente as pessoas vinham de lugares distantes e não se conheciam e isso era feito para que se apresentassem. Mas um homem me contou ter dançado isso em um pátio de igreja quando era menino; então pode ser simplesmente uma brincadeira de criança que as bruxas emprestaram ou vice-versa. Hoje em dia, a única música que elas podem ter é uma vitrola, ou por vezes um afoxé, um chocalho ou um tamborzinho, tocados de leve.

Há quinze anos, ouvi muitas das antigas melodias. Infelizmente, nada sei de música e não pude anotá-las.

Elas me mostraram um truque esquisito com música que descrevi em minha obra *High Magic's Aid*, mo capítulo chamado "Música Ma-gia". Elas me contaram que podiam fazer-me enlouquecer; não acredi-tei, então elas me disseram para sentar, e me ataram em uma cadeira de forma que eu não pudesse sair. Uma delas sentou-se em frente tocando um tamborzinho; não uma melodia, apenas um tum-tum-tum monó-tono. Estávamos rindo e conversando no início... pareceu um tempo longo, embora eu pudesse ver no relógio que não era. O tum-tum-tum continuava e eu me senti idiota; elas me olhavam rindo e esses risos me deixavam com raiva. Percebi que o tum-tum-tum parecia um pouco mais rápido e meu coração batia bem forte. Senti ondas de calor, estava com raiva de seus risos idiotas. Repentinamente fiquei furioso e quis pular para me desprender da cadeira; consegui me levantar e teria ido embora, mas logo que comecei a me mover elas mudaram a batida e minha raiva passou.

Eu disse: "Isso é apenas sugestão", mas elas insistiam em que era algo mais – era um velho segredo e podia ser usado para fazer homens se enervarem antes de uma tarefa. Li que no exército de Napoleão havia tambores para tocar o *pas de charge* que faria com que os solda-dos lutassem com vontade; suponho que as gaitas de fole de guerra dos Highlanders tivessem um efeito semelhante.

Livros antigos falam de uma dança de roda das bruxas em um círcu-lo, olhando para fora, algo como a posição das damas na primeira parte da dança Paul Jones. Ninguém a quem perguntei já havia visto isso. Há porém uma espécie de quadrilha, com os casais cruzando os cotovelos, que cheguei a dançar, mas acho que é uma dança para os bem jovens. Também vi um tipo de *Volta*, que se dança só, avançando três passos e voltando um, mas nunca as vi dançar isso em pares, possivelmente por causa do pequeno tamanho da sala e da falta de música apropriada. Se houvesse espaço, acho que seria uma dança bastante apropriada e acre-dito que o que diziam há trezentos anos é verdade: "Uma nova dança de bruxas chegou à França vinda da Itália e é um furacão, todos a estão dançando". Antes dessa época, praticamente todas essas danças eram muito certinhas; acho que a *Volta* foi a primeira em que realmente se pegava o parceiro e a partir disso desenvolveu-se a valsa. No início, a valsa foi estigmatizada como "uma dança extremamente indecente", pois os parceiros ficavam abraçados o tempo todo.

Encontrei esses versos em um livro de bruxa. A proprietária não lembra de onde foram copiados ou se são antigos ou modernos, se foram escritos por alguém que viu a dança ou simplesmente por alguém com uma imaginação vívida. Assim, com a permissão do autor desconhecido e congratulações por ter feito uma bela descrição ou uma cena imagi-nária, reproduzo:

> O crepúsculo acabou e a noite
> Chega a seu zênite, e além da corrente
> Dançam as bruxas frenéticas, belas como um sonho
> Em um jardim, nuas sob o olhar de Diana
> Incensórios acesos no doce altar, iluminam
> Brilhos nas águas, cheios de vapores moventes,
> Risonhos e móveis, brancos ombros brilham.
> Oh, que alegria e maravilha nesta linda visão!

O autor evidentemente não acreditava na lenda da bruxa velha.

No volume LXIII de *Folk-Lore* de dezembro de 1952, impresso em coletânea, há um artigo extremamente interessante da dra. Margaret Murray, com a reprodução de uma pintura da Sheffield City Art Galleries;

e a existência dessa pintura deveria, em minha opinião, ser bem mais conhecida. Cito o que a dra. Murray diz sobre ela:

Um Bruxo e seu Familiar *

"A ideia moderna popular de que uma bruxa é sempre uma velha malévola é inteiramente errônea. Havia quase tantos bruxos quanto bruxas; as bruxas tinham assentos nos Conselhos de Rei e tomavam parte nos negócios do Estado; elas exerciam o poder, frequentemente com grande habilidade, e por vezes foram as reais mandatárias do reino, o poder por trás do trono; eram consultadas pelos maiores da terra em casos de dificuldades públicas ou privadas. Nas aldeias, elas eram as conselheiras para toda doença de mente e corpo. Na época em que Reginald Scot escrevia, em 1584, esse bruxo tinha tanto orgulho de sua posição que usava um uniforme para distingui-lo do povo comum. Mesmo antes, a bruxa se cobria de pele de carneiro preta e pele de gato branca, com adornos de metal polido e pedras brilhantes.

"Retratos contemporâneos autênticos são extremamente raros, embora conheçamos um punhado deles. A ilustração aqui mostrada é de uma pintura do século XVII e retrata um bruxo com seu *familiar*. Todo o aspecto do homem mostra que ele estava habituado ao poder e seus ornamentos mostram que ele era uma pessoa de alguma posse. O soberbo gato em seus braços está claramente contente em estar lá, meio hipnotizado pelas carícias dessas mãos fortes e hábeis.

"A pintura mede 19 x 14 cm e está em exibição na City Art Galleries, Sheffield. A carne é da cor de carne normal em retratos do período; o chapéu é verde médio com antenas e sinos; o casaco é avermelhado; o fundo é preto. O gato é da cor real de um gato de bruxa, ou seja, malhado de castanho."

Como a dra. Murray enfatiza, e como me empenho em mostrar neste livro, as bruxas são uma classe de pessoas muito útil e boa. Robert

---

* N. do T.: o Familiar é um demônio menor ou um espírito, que habita o corpo de um pequeno animal e se prende a um mago, servindo-o.

Graves, em sua obra *Seven Days in New Crete*, mostra um mundo ideal em que as pessoas corajosamente experimentaram todos os tipos de governo e decidiram retornar ao tipo de governo da antiga Creta, em que havia um rei para governar e dar ordens e que era, porém, "removido" ocasionalmente, enquanto o governo do país era confiado às bruxas, que tomavam a sério suas responsabilidades, não sendo permitidas as politicagens. Se o povo estava aborrecido ou quisesse uma guerra, estava livre para fazê-la, mas apenas tinha permissão para lutar em certas áreas em que não provocariam dano; as únicas armas permitidas eram bastões, que garantiam o máximo de luta e diversão com o mínimo gasto e dano. Acho que no geral isso não foi escrito como piada, mas como ideal.

As bruxas acreditam que, ao representar um papel, você realmente assume a natureza da coisa imitada. Essa é na realidade a base da magia do homem das cavernas. Fazendo a imagem de argila do animal que se deseja matar, e conhecendo seu nome, estabelece-se uma ligação com ele, de forma que espetar a imagem dá ao homem o poder de matar o animal. O fato de essas crenças parecerem brincadeiras para alguns não altera o fato de os homens primitivos realmente se comportarem dessa forma, assim como as bruxas. Representando o papel da deusa, a sacerdotisa estaria em comunhão com ela; da mesma maneira o sacerdote, agindo como o deus, torna-se um com ele em seu aspecto de Morte, o Consolador, o Confortador, o portador de uma pós-vida feliz e da regeneração. O iniciado, ao se submeter às experiências dos deuses, vira um bruxo.

As bruxas perceberam que essa comunhão não ocorre todas as vezes que alguém assume a posição da deusa, mas logo viram que fazendo desse modo elas começavam a receber vibrações, que cresciam cada vez mais de intensidade quando o transe vinha. Elas SABEM! É inútil dizer: "Isso é apenas sugestão, ou a mente subconsciente". Elas respondem: "Nós concordamos totalmente; sugestão ou mente subconsciente são simplesmente algumas das ferramentas que utilizamos para ajudar a abrir a porta".

Como indicado antes, tenho poucas dúvidas de que antigamente, se para ir a uma festa fosse preciso uma longa viagem pelo país, elas diriam: "Vamos como lebres", ou algum outro animal, e imitariam os movimentos dos animais, pensando, de modo místico, ter assumido a natureza do animal. Pode ter sido, em parte, uma brincadeira; mas o que quer que fosse, descansava suas mentes durante uma longa e tediosa jornada e elas sem dúvida acharam que podiam ir mais longe e mais rápido com menos esforço consciente do que se andassem do jeito comum. Na terminologia moderna, diríamos que elas estimulavam sua mente inconsciente.

Este é um caso de: "Se você não experimentar por si mesmo, nunca vai acreditar. Depois de experimentar, você não acredita, você SABE."

E, uma vez que você conheceu a deusa, haverá algo mais que importe? Para atingir esse estado há muitos caminhos e dançar talvez seja o mais fácil; os chamados e cânticos ajudam, a atitude dos outros membros é da maior assistência – mas o verdadeiro segredo está dentro de cada um e, até certo ponto, no parceiro ou assistente de cada um na arte, e não é algo que possa ser forçado. Um conhecimento quieto de que você o fará e uma performance estável e regular nos ritos são todo o realmente necessário, embora haja outras coisas que ajudem. Atalhos são úteis, mas devem ser usados com cuidado, pois às vezes eles podem desviar do caminho ou demandar ainda mais trabalho. Deve-se primeiro acreditar que é possível; então, usar o método, ou de preferência uma combinação de métodos que possam ser aplicados juntos. Uma vez que se atinja o êxtase, tem-se a certeza de que ele existe e que pode ser atingido de novo. Deve-se banir da mente todos os sentimentos de *não posso* e fixar: *"Posso e vou."*[9]

Há diversos poderes espirituais que muitas pessoas não reconhecem como tal, como as várias formas de inspiração, música e poesia, clarividência e consciência mágica; mas a maior de todas é o amor. Todos esses apoios podem ser empregados sob instrução, pois há dificuldades e perigos em seu uso indiscriminado.

Sacrifício de Sangue

As primeiras bruxas que conheci negam ter usado sangue de qualquer maneira – e acho que elas falavam a verdade, de acordo com o que entendiam. Já as citei quando disseram que, embora sangue recémderramado possa dar algum poder extra em um momento crítico, seria errado ou pecaminoso matar animais com esse propósito e que elas nem pensariam em fazê-lo. Realmente, naquela época, eu não via como isso poderia encaixar-se em seu sistema de magia. Ultimamente, porém, alguém com quem falava sobre isso, me fez notar que não era estritamente

---

9. Jâmblico, em seus Mistérios, diz: *"Se a pessoa souber como, pode pôr em movimento forças misteriosas que são capazes de contatar a vontade de outra; direcionar suas emoções como o operador desejar; isso pode ser feito com a palavra falada. Às cerimônias propriamente realizadas, ou que procedem de um objeto propriamente carregado de poder, chamamos magia".*

necessário matar algo; que se podia derramar sangue do próprio corpo e que o saudoso Aleister Crowley, como mencionado anteriormente, ocasionalmente realizava um rito em que cortava seu próprio peito e fazia uso do sangue. Tradicionalmente isso ajuda a materialização em cerimônias de evocação. Claro que é bem conhecido que no Grande Mistério da Magia o mago é sempre vítima, em um certo sentido. As pessoas que conheci nunca tentaram a materialização; mas menções de tais práticas ocorrem em rituais, etc. De forma que elas devem ter sido praticadas no passado e é possível que muitos grupos de bruxas, que não conheço, ainda usem tais métodos atualmente; ou seja, sangue para obter certos resultados. Claro que a velha acusação de matar bebês ainda não batizados é ridícula; foi inventada apenas para assustar as pessoas para que batizassem seus bebês e *pagassem as taxas*. Era impossível que um grande número de bebês não batizados desaparecesse sem que a polícia começasse a fazer perguntas.

O Sabá

Perguntei a minhas amigas qual era o verdadeiro significado do Sabá e elas não sabiam. Tinham conhecimento de que os livros dizem vir de Sabazius, identificado com Dioniso e Zeus, também conhecido como o judeu Oreb, Deus de Sabaoth.

Plutarco, em *Synus*, volume IV, 6, disse que os judeus adoravam Dioniso e que por isso seu Sabá fora assim chamado por causa de Sabazius, que era uma de suas formas. Minhas amigas concordam que o culto de Dioniso tenha algo a ver com o delas. Isso fica claro em alguns dos rituais. Elas também leram que os primeiros judeus estabelecidos em Roma foram expulsos por causa da lei que proibia adoradores de Júpiter Sabazius de viver em Roma; mas não conseguem conciliar o culto judeu com o delas. As que pensaram sobre o assunto têm uma teoria de que é simplesmente uma palavra tomada emprestada dos cristãos, logo que a cristandade chegou à Bretanha. Não deveria haver padres residentes no "estrangeiro", os distritos de bruxas, e os serviços para a renovação de interesse seriam realizados por padres itinerantes, possivelmente aos domingos, e a frase "Sabbath Meetings"* acabou se referindo a eles. Então, a palavra Sabá devia ser tomada pelos pagãos como significando

---

* N. do T.: Encontros de Sabbath (termo antigo para o domingo cristão, o dia de descanso).

uma reunião religiosa com cantos barulhentos. O termo "Sabá das Bruxas" deve ter sido aplicado aos encontros pelos próprios cristãos como forma de gozação e adotado de fato como piada pelas bruxas. Mas minhas amigas não dizem que isso é necessariamente a verdade, apenas sua teoria de como a história pode ter ocorrido.

As Bruxas Podem Fazer Poções de Amor?

As bruxas têm muitas fórmulas para todos os tipos de poções, embora poucas as usem hoje em dia; se separarmos as práticas supersticiosas, elas trabalham principalmente no sentido de forçar a vontade da pessoa em um objeto com o fim de influenciar a mente indecisa: "Seja bravo, nada pode lhe fazer mal, o objeto de sua afeição vai amá-lo", coisas assim. Junto com isso, porém, há instruções para o uso da poção e duvido que sem elas o feitiço fizesse efeito. Por exemplo, um feitiço para unir dois jovens termina com: "Tente assegurar-se de que o casal seja deixado a sós, em circunstâncias emocionantes e, se possível, perigosas (ou deixe-os pensar que são perigosas). Logo eles começarão a se ligar um ao outro; então deixe-os saber que um feitiço de amor foi feito. Se eles forem do culto, faça-os realizar os ritos juntos e o feitiço logo vai agir".

Se eu tivesse apenas um quarto de minha idade, adoraria que alguém pusesse esse feitiço em mim!

É Possível que as Bruxas Causem Mal às Pessoas?

Esta é uma pergunta que me fazem sempre. Apenas posso dizer que não acho nem que elas tentem. Não conheço feitiços com esse fim. Mas qualquer um pode fazer um novo feitiço para si; a maneira das bruxas de treinar casais para trabalhar juntos, e então vários casais para se juntar ao trabalho de maneira a formar uma bateria de vontades humanas é para mim um dos modos mais eficientes de se fazer coisas. Acredito ser um fato histórico que, no século XIII, o papa Inocêncio IV, com uma bula *Elsi Animarum*, datada de 21 de novembro de 1284, tenha ofendido muito os dominicanos; e nasceu um provérbio no Vaticano, *A Litaniis Predicatorum, Libera nos Domine*, que quer dizer "Das litanias dos dominicanos, Senhor, livrai-nos". A causa foi uma oração especial que os dominicanos recitavam contra o papa todos os dias após as matinas; ele morreu em menos de um mês. Pode-se pensar que um papa não se assustaria até a morte pelas orações de alguns monges; parece haver alguma validade objetiva no processo. Ouvi dizerem em circunstâncias similares: "Claro que é só uma coincidência, mas ele está bem mortinho!" e há muitos anos me lembro de ter lido em jornais sobre um curioso processo em Nova Iorque em que provas haviam sido trazidas à corte para afirmar que um certo ramo não ortodoxo da Igreja da ciência cristã supostamente se encontrava regularmente e dizia, após as orações: "Pensemos no Irmão – queremos bem a ele, queremos que ele esteja *no melhor lugar para ele, sete palmos abaixo da terra",* e fixavam firmemente a ideia do Irmão como estando morto e enterrado em suas mentes. Dizia-se que eles haviam assustado mortalmente muitas pessoas desse modo. Acredito que finalmente uma injunção contra essas práticas foi garantida, mas não tenho certeza. Assim, talvez uma bruxa possa fazer o que monges e cientistas cristãos fazem.

Marcas de Bruxas

Nunca vi nem ouvi falar nelas entre as bruxas. A dra. Murray sugere que eram tatuagens feitas como meio de recognição. Acho que é muito provável que nos tempos das fogueiras algo do tipo fosse usado, mas as bruxas que conheço nunca ouviram falar nisso, exceto nos livros da dra. Murray, *Witchcraft in Western Europe* e *The God of the Witches*, pelos quais elas se interessaram muito. As bruxas sentem ter uma dívida de gratidão com a dra. Murray por ser a primeira a lhes contar que elas não eram envenenadoras, demonistas ou impostoras, como praticamente todos os escritores as chamam.

A única marca distinta que conheço é que damas de um certo grau têm o direito de usar um bracelete com seu nome e grau gravados e, como os não iniciados não poderiam reconhecê-lo, elas frequentemente os usam em público. Outra bruxa obviamente poderia reconhecê-los, mesmo a certa distância. Há também uma ordem mais alta, a jarreteira das bruxas; mas esta nunca é vestida de forma a poder ser vista em público. Mencionei um colar, mas este pode ser de qualquer tipo, desde que seja bem chamativo. Elas não conhecem a história de sua origem e significado; é apenas o costume. Eu mesmo acho que deve ser alguma história que diz que a deusa usava um colar; acredito que Astarteia sempre usava um e era conhecida como a Deusa do Colar; fora isso, era "vestida de céu", como se diz na Índia. Conheci uma ou duas bruxas que usavam talismãs em seus colares, mas eram principalmente astrológicos, feitos só para os proprietários, e não comportavam signos de bruxas, de forma que me inclino a pensar que o importante é o colar em si.[10]

Colares eram importantes para os celtas e saxões. Algumas importantes sacerdotisas devem ter iniciado a moda. Graças à Deusa, não somos atormentados com pessoas no culto que querem sempre mudar a moda. Monsieur Dior não encontraria aqui nenhum comprador para seu *New Look*. Estamos muito contentes com o velho *Look*.

As Ferramentas das Bruxas

Não há lojas de suprimentos para bruxas, então uma bruxa pobre normalmente tem de fazer ou improvisar suas próprias ferramentas; um noviço frequentemente é apresentado com um Athame e é claro que em uma família de bruxas sempre há velhas ferramentas. As mais antigas são sempre preferidas, pois supõe-se que elas têm *Poder*.

Se não é possível conseguir uma dessas, pode-se tentar fabricá-las; já vi muitos belos trabalhos. As mulheres normalmente têm ajuda para fazer suas ferramentas se elas não as possuem de família, mas algumas delas são ótimas artesãs também.

Os instrumentos podem ser de construção bem simples, mas na verdade, como são usados para fins religiosos, é bom tentar fazê-los o mais bonitos possível.

Claro que a bruxa média não tem um conjunto completo de ferramentas; nem todas têm uma espada, por exemplo. Um Athame (faca de bruxa), um incensório, um cordão e uma ou duas outras ferramentas são suficientes para o trabalho. Para as iniciações, um conjunto completo de ferramentas tem, é claro, que existir; mas normalmente elas pertencem ao grupo.

É muito divertido ver quão hábeis são algumas bruxas em disfarçar suas ferramentas de forma que elas pareçam outra coisa; de fato, elas são frequentemente outra coisa, até serem ajeitadas do modo próprio

---

10. *Diana de Éfeso usava um colar de bolotas; muitas deusas celtas o usavam também. Em encontros de bruxas, todas as mulheres devem usar um. Quando os objetos rituais estão sendo arrumados para um encontro, alguns cordões de contas são postos à mão, para que, se alguma bruxa não tiver um colar, ela possa emprestar um para a ocasião. Lembro de terem dito a uma moça que chegou com um pequeno colar de pérolas: "Você sabe, querida, que não deve fazer isso: pegue um adequado desta caixa, algum que possa ser visto". Elas não podem me dar nenhuma razão para isso, exceto o fato de ser óbvio que uma bruxa deve usar um colar.*

Recapitulação 149

para uso. Para o benefício dos interessados, espero realizar uma pequena exposição de ferramentas de bruxas em 3 Thackeray Street, Kensington Square, Londres; eu também possuo muitas que gostaria de mostrar a qualquer visitante do Museu de Magia e Bruxaria, chamado localmente Moinho das Bruxas (Witches' Mill), Castletown, Ilha de Man.

As bruxas usam incenso em grande quantidade. Hoje em dia, elas normalmente o compram na lojinha da igreja mais próxima, mas algumas fabricam o seu próprio; elas fazem muito segredo a respeito disso e eu acho que elas põem algo forte nele; pelo menos eu soube de pessoas que se comportaram bem estranhamente depois de o terem queimado em um espaço confinado, embora ele nunca tenha feito efeito sobre mim – ou ao menos que eu tenha percebido. Durante a Segunda Guerra, elas tiveram de fazer as cerimônias sem óleo de unção; mas hoje em dia uma ou duas conseguiram um pouco. Elas mantêm seus fornecedores em segredo, assim como a composição do produto. Tem um cheiro bom em minha opinião, embora algumas pessoas não gostem. É um cheiro poderoso e eu acho que, como o incenso, pode fazer algum efeito em pessoas sugestio-náveis, o que não sou; mas parte da intenção é causar um deslocamento do centro de consciência. A melhor tradução para esse êxtase é "Levando alguém para fora de si mesmo", levando-o em comunicação com o deus. Mas para atingir esse estado, a lustração (purificação cerimonial) é ao menos aconselhável; ela é, na verdade, tanto a limpeza interior como a exterior – a velha doutrina da penitência, limpar a alma tanto quanto o corpo; apenas desse modo o corpo está preparado propriamente para que a deusa desça e inspire seu adorador. Desse modo, o estado de transe pode ser induzido, embora haja outros métodos, todos com o fim de escapar temporariamente dos arreios da tradição, para libertar a alma; e, em outras palavras, para dar a alguém algo a mais por que viver.

Muitas pessoas atingem isso com drogas ou mais cruamente com álcool. Mas estes têm efeitos extremamente nocivos no corpo e os resul-tados são quase sempre ilusões; então pouquíssimas bruxas tentam essas saídas. Em tempos antigos, muitas bruxas iam para a fogueira rindo e cantando: elas tinham a alegria da vida e da beleza e a paz da morte, com a promessa do retorno; assim enfrentavam as chamas, por acreditarem que iam para um mundo melhor, e morriam felizes.

O Que é o Poder das Bruxas?

Estima-se que nove milhões de pessoas morreram sob tortura de um modo ou de outro durante a perseguição, e possivelmente ainda mais, principalmente crianças, morreram de frio, fome e abandono como resultado dessa cruzada de perseguição. Apesar dessa exterminação, alguns remanescentes sobreviveram, pois as pessoas queriam correr o risco terrível e o faziam por acreditar no Poder.

Mas o que pode ser esse Poder? Se você perguntar a elas, dirão que é magia; se perguntar o que elas querem dizer com magia, elas dirão que não sabem, mas que é algo que funciona.

O que pode ser esse Poder? A resposta mais simples é mente sobre a matéria. Se você acredita em algo firmemente o suficiente, vai imaginar coisas. Enquanto eu puder acreditar que a mente tem muito o que fazer com isso, a resposta não me satisfará. Superstição é crença sem evidência; ciência é testar algo e só acreditar nisso quando houver provas adequadas. Por essa razão, a ciência está contínua e acertadamente mudando seus pontos de vista; eles podem confundir frequentemente causa com efeito, como quando os primeiros cientistas egípcios notaram que com a vinda de Sirius o Nilo subia e, para grande benefício da agricultura, podiam prever a cheia anual. Mais tarde, perceberam que Sirius não causava realmente as cheias, mas simplesmente se erguia na época das cheias, o que para eles não fazia a menor diferença.

Acho que há milhares de anos alguns curandeiros perceberam que direcionar o poder acumulado da mente dava alguns resultados na caça. Se o poder afetava o animal ou o caçador não importava, pois produzia resultados, e eles chamavam a isso poder, magia. Fizeram experiências com esse poder e com métodos de tentativa e erro – supersticiosos e não provados – e por vezes eles obtiveram resultados.

Uma dessas superstições é de que havia uma conexão entre parte da coisa e a própria coisa, de forma que se fosse possível conseguir algum sangue, excremento ou cabelo de uma pessoa ou animal poder-se-ia estabelecer uma ligação.

Há cinquenta anos, os cientistas seriam unânimes em dizer que isso não faz sentido, que é superstição, o que realmente é, pois não há nenhuma prova dessa ligação. Hoje em dia, porém, muitos cientistas acreditam que tecidos vivos emanam suas próprias radiações conforme sua estrutura celular. Uma doença que afete esses tecidos sobrepõe suas radiações às da célula normal; cada doença tem sua própria formação de onda característica e o paciente não precisa estar presente; uma amostra de sangue ou saliva basta. Dizem que experiências com câmeras especiais estão sendo feitas para registrar essas mudanças nas células.

A radiestesia é uma faculdade que algumas pessoas possuem de receber ondas ou raios e transmiti-los por meio de reflexos musculares a uma vara de adivinhação ou um pêndulo. Isso também é chamado rabdomancia, quando usado apenas para encontrar água, e é provavelmente a força por trás das mesas girantes. Esse fenômeno está sendo investigado hoje em dia por diversos médicos, padres e pesquisadores em geral, pois parece dar resultados.

Normalmente é quase uma brincadeira: esconde-se alguma coisa e o buscador a encontra com seu pêndulo. Isso foi derrubado no começo pela telepatia, mas muitos arqueólogos acham que tiveram bons resultados descobrindo coisas que nenhum homem vivo conhecia. Eis o teste científico: funciona em casos suficientes para ser de grande uso? O veredicto parece mostrar que sim. A varinha, o pêndulo ou o que quer que se use não funciona sem contato humano; não é uma das forças conhecidas em geral pela ciência, e a mente, a vontade, a imaginação e a crença evidentemente representam grandes papéis. Como os livros dizem, são necessários entusiasmo e otimismo; se se pensar que é apenas um graveto, ou que não passa de brincadeira, os resultados serão também de brincadeira.

Todos sabemos que o sem-fio funciona e esse parece um tipo de sem-fio natural. Esse poder foi usado por muitos anos para testar ovos. Acredito que radiestesistas são bastante utilizados pela polícia para encontrar os corpos de pessoas desaparecidas. Penso simplesmente que é a força que as bruxas usam quando falam de aumentar o poder ou a magia. A grande arte de usar esse poder parece ser acreditar firmemente que se pode fazer isso e ter a feroz determinação de fazê-lo funcionar.

A natureza dos ritos e cerimônias das bruxas é fixar a mente no objeto do trabalho. Pessoalmente, também acredito que eles têm grande efeito em acabar com inibições e proporcionar um estado de mente favorável. Acho, realmente, que há algo mais que isso para se obter por esses métodos, mas é claro que tudo depende do que se deseja alcançar.

Dizem as bruxas que a magia é contagiosa, que o que se fizesse a um objeto feito com parte do corpo de um homem ou que tivesse estado em contato próximo com ele poderia ter algum efeito naquela pessoa, mesmo a distância; elas chamam a isso "formar uma ligação".

Elas também acreditam ser possível formar uma ligação mental sem qualquer objeto material; mas, como diz Kipling, essa é outra história.

Citando *Elementary Radiesthesia,* de F. A. Archdale, página 29, temos: "A base da radiestesia médica é que o pêndulo suspenso sobre um órgão saudável dê uma reação, enquanto sobre um órgão doente dê a reação oposta, que poderíamos chamar de diagnose... outros usam amostras, tais como urina, sangue, saliva, etc., tiradas do paciente, permitindo com isso que eles levem sua diagnose para casa". E na página 35 encontramos: "Há instrumentos diagnósticos radiônicos... que empregam 'amostras' do paciente como manchas de sangue, tufo de cabelos... uma diagnose ou análise completa e perfeita toma de três ou quatro horas de concentração, tempo em que uma seleção de tratamento físico é feita, encontrando-se uma combinação de drogas e remédios herbais adaptada à condição descoberta do paciente".

Assim, vemos que a radiestesia foi elevada ao estágio de instrumento científico. Não posso verificar todas essas afirmações, obviamente, mas tiraram-me uma amostra de sangue e me deram remédios que muito me fizeram bem. Ainda estou recebendo tratamento, com a amostra de sangue original sendo usada; foi quando eu estava na África Ocidental, e o tratamento ainda me faz bem. Muitas outras pessoas têm a mesma experiência. É curioso que médicos possam acreditar que haja uma conexão entre a amostra de sangue tirada de mim há seis meses e que ela mostre todas as mudanças que ocorreram em meu corpo, a menos que eles tenham provas anteriores consideráveis de que tais coisas sejam possíveis. Contaram-me que a radiestesia é muito útil a cirurgiões veterinários, pois animais não podem descrever seus sintomas nem responder perguntas. Não estou dizendo que tudo o que se afirma sobre a radiestesia seja verdade; tudo o que sei é que pareceu bom para mim e acho que é muito curioso que por milhares de anos as bruxas acreditaram que houvesse uma conexão entre um corpo e uma parte dele cortada, por meio da qual uma ligação mágica pode ser estabelecida, e agora é que os médicos modernos parecem pender para a mesma crença. O fato de as bruxas acreditarem que também é possível fazer ligações de outras maneiras se não for possível obter uma parte do corpo, ou seja, por meio de uma ligação mental, quando elas apenas estão trabalhando na mente, não interfere no assunto.

Eu era muito interessado na teoria de Pennethorne Hughes, conforme a página 23 de seu livro, de que a magia foi desenvolvida pelos sacerdotes egípcios e que um ramo de seu conhecimento veio à Europa, tornando-se a bruxaria, e o outro foi para a África Ocidental e de lá para a América, tornando-se o Vodu. Sei que Frazer e outros mencionaram a semelhança entre os cultos africanos do Rei Divino e os mitos egípcios e já notei a semelhança entre certas práticas Vodu e a bruxaria europeia, mas a mim parecia que a prova da teoria de Hughes deveria estar na África Ocidental. Se as bruxas ou bruxos doutores de lá tivessem esse conhecimento, teriam-no transmitido à América.

Assim, fui à Costa do Ouro e à Nigéria no inverno de 1952 e novamente em 1953. É extremamente difícil entrar em círculos mágicos em qualquer lugar. No primeiro ano não tive sorte; mas, após eu ter dado uma palestra adequadamente suavizada em Accra, Costa do Ouro, em janeiro de 1954, em (entre todos os lugares) um edifício da Y.M.C.A., seguido por uma pequena fala sobre o sem-fio, as informações começaram a porejar, de forma que vi a magia ao modo da Costa. Claro que percebi que eles não me contaram todos os seus segredos; do que pude ver, eles usam dois dos processos que as bruxas usam para ganhar poder, mas esses dois processos parecem existir no mundo inteiro.

Uma bruxa europeia aprende que "há muitos *atalhos ou caminhos que levam ao centro*" e usa muitos (ou todos) deles combinados em uma operação para ganhar todo o poder possível. Mas, hoje em dia pelo menos, ela é na melhor das hipóteses uma amadora, que pratica apenas ocasionalmente, enquanto o africano é um profissional. Talvez ele ache que pode fazer tudo o que quer com seus métodos, de forma que não precisa de ajuda extra dos usos das bruxas europeias. É bem possível que eles conheçam e usem todos os métodos das bruxas ocasionalmente. Havia uma grande dificuldade de idioma; além disso, não havia razão para que eles me mostrassem seus segredos mais escondidos; pude encontrar apenas duas semelhanças. Como a magia foi feita apenas para me mostrar, não posso dizer se funciona ou não; eles porém me asseguraram que sim. Perguntei de onde vinha o poder e me disseram que era dos deuses locais. Eles, ao menos, pareciam não fazer a menor ideia de que viesse do Egito.

Há abundante evidência de intercurso entre o Egito e a Costa; mas até onde posso assegurar, há apenas uma prova, via caravanas árabes, durante os últimos mil anos; ou seja, durante o tempo em que estados nativos estavam sendo estabelecidos. É bem possível que houvesse estados nativos sobre os quais nada sabemos e que eles possam ter tido comunicação com o Egito pelo mar por intermédio dos cartaginenses e outros; mas não há provas disso. Assim, as únicas comunicações de que temos certeza foram em uma data em que os sacerdotes egípcios haviam sido postos fora de ação, primeiro pelos cristãos e depois pelos maometanos, há cerca de mil anos.

Se apenas eu soubesse exatamente qual era o sistema de magia praticado pelos sacerdotes egípcios, seria fácil dizer. O que está descrito em livros não tem semelhança com as práticas das bruxas, mas é mais provável que houvesse algum sistema secreto que elas não mencionam em suas inscrições.

Tudo o que posso dizer definitivamente é que há algumas semelhanças entre a magia europeia e a usada na Costa Oeste. Obviamente, isso não é prova conclusiva.

Europeus vieram a essa Costa em grande número durante os últimos quinhentos anos, trazendo todo tipo de crenças e costumes. Como exemplo, no ano de 1485 o português dom Afonso d'Aleiro vivia no interior, na cidade de Benin. Credita-se a ele a introdução de projéteis e cocos (intencionalmente), a prática da crucifixão (não intencionalmente), por meio dos crucifixos que ele e seus seguidores usavam. A famosa árvore da crucifixão na cidade de Benin esteve em uso constante até ser destruída por uma expedição britânica em 1897. Durante o período de 1400 a 1700, as perseguições às bruxas recrudesciam, de forma que não é nada improvável que uma pobre bruxa tenha sido voluntária para uma perigosa e nada saudável expedição exploradora para escapar à Inquisição. Muitos reis de Benin eram notórios magos e astrólogos. Eles poderiam ter facilmente protegido um ou uma colega de trabalho e usado seu conhecimento; então, mesmo estando muito interessado na teoria de Hughes e desejando saber que é verdadeira, apenas posso dizer, no que me toca, que ela "NÃO FOI PROVADA."

Para recapitular, Magia Ritualística, Magia Cabalística, Arte Mágica ou Magia Negra são tentativas semelhantes de invocar gênios, demônios ou espíritos elementais e forçá-los a fazer eventos ocorrer, pois o praticante crê que tais espíritos têm o poder de alterar a natureza, causar tempestades, inundações ou terremotos, por exemplo. Eles frequentemente usam sangue, caveiras e outras coisas asquerosas para esse propósito. As bruxas não apreciam tais métodos e acham que seus modos são melhores. É verdade que no passado houve muitos casos de feiticeiros empregando bruxas; mas como médiuns, quando algo de natureza espiritualística era tentado, ou seja, tentativa de comunicação com espíritos de seres humanos falecidos que desejam comunicar-se sem ser subornados ou ameaçados.

A bruxa geralmente não acredita que seja possível alterar a nature-za – causar tempestades, por exemplo; mas ela acredita que muitos dos eventos mais importantes são controlados por alguma mente ou mentes humanas, com as quais é bastante possível formar uma ligação e assim influenciar as mentes de outros (humanos ou animais) por meios que só posso descrever como uma espécie de hipnotismo de longo alcance, sendo que os resultados dependem de quanto poder foi erguido, da habilidade para dirigi-lo, da sensitividade (ou algo parecido) no cérebro na outra ponta e se eles são opostos à ideia que vem a suas mentes ou não; e que essas mentes podem ser influenciadas mesmo se alguma contrainfluência forte é exercida.

É perfeitamente possível influenciar mentes de pessoas em grande número para atingir objetivos próprios. John Wesley, Gladstone e Hitler o fizeram em larga escala. Nenhum deles mudou as mentes de todas as pessoas com quem tiveram contato; mas a influência foi suficiente para mudar a História do mundo e não foi exercida justificando-se com o povo. Eles simplesmente puseram a ideia na cabeça das pessoas e a martelaram. Todos os políticos fazem ou tentam fazer isso. As bruxas usam uma técnica diferente para fazer a mesma coisa. Elas não têm sucesso em todas as operações e é difícil para mim saber exatamente quantos de seus sucessos se deveram ao acaso; mas ela parecem ter um número notável de sucessos. As pessoas me dizem: "Isso é fácil; ou elas têm sucesso ou não, tendo uma chance de 50% de sucesso", citando: "Se você jogar cem moedas no ar, cerca de cinquenta vão cair com a coroa para cima." Mas não é assim tão fácil.

Como disse a bruxa ao homem da pesquisa psíquica: "Para fazer magia, você deve entrar em frenesi; quanto mais intenso você se sente, maior a chance de sucesso". Simplesmente não se pode conseguir o número necessário de pessoas que fazem isso apenas por divertimento ou se é mais provável que aconteça naturalmente; as chances são então de 80 a 90% contra.

Outras pessoas me dizem: "Se você está determinado o bastante pode forçar qualquer coisa a acontecer sem ter de recorrer à bruxaria", citando: "Napoleão disse: 'A palavra *impossível* não existe no vocabulário francês'", mas como disse uma bruxa quando lhe contei isso: "Suponho que Napoleão tenha dito isso na Córsega quando pusemos em sua cabeça que lhe era *impossível* cruzar o Canal da Mancha".

Vi coisas de que estou proibido de falar e sou assumidamente supersticioso pelo que vi do poder das bruxas. Também é fácil ver até onde essa superstição pode levar e sei que rirão de mim. Posso aguentar.

Como eu disse antes, o trabalho de um antropólogo é investigar o que as pessoas fazem e em que acreditam, não o que os moralistas dizem que elas fazem e acreditam. Eles podem tirar suas próprias conclusões e dar à luz qualquer teoria, desde que deixem claro que são apenas suas próprias teorias e não fatos provados.

Já falei de como as bruxas realizam certos ritos e acreditam que tiveram sucesso influenciando as mentes das pessoas que controlavam as barcas de invasão.

Essa é puramente minha própria *teoria* e a fundei assumidamente na *superstição*, mas acho que elas poderiam realizar ritos similares para influenciar as mentes daqueles que controlam a *bomba de hidrogênio*.

Tendo dito tudo o que me foi permitido dizer, devo terminar. Espero que esse livro tenha sido de interesse para você, leitor, e, como as bruxas dizem umas às outras:

ABENÇOADO SEJA

BIBLIOGRAFIA

LIVROS DE FONTE E REFERÊNCIAS
MENCIONADAS NO TEXTO

Anwood, A. J. *A Suggestive Inquiry into the Hermetic Mysteries*. (Watkins, 1920)

Archdale, A. *Elementary Radiesthesia*. (Publicado pelo autor, 3 Wingate Road, Southborne, Bournemouth)

Brend, William. *Sacrifice to Attis* (Heinemann, 1936)

Burne, Charlotte. *Shropshire Folk Lore*. Da coleção de G. F. Jackson. (Trubner, Londres, 1883)

Casteret, Norbert. *Ten Years Under the Earth*. (Penguin, 1952)

César, J. *De Bello Gallico*. (Penguin, 1951)

Davies, Reginald Trevor. *Four Centuries of Witch Beliefs*. (Methuen, 1947)

Eschenbach, Walfran Von. *Parzifal*. (Trad. Jessie Weston, 1890)

Eurípides, *Bacantes*. (Trad. Lucas: Bowes & Bowes, 1930.)

Evans, Sebastian. *The High History of the Holy Grail*. (trad. do francês. Everyman, 1910)

Gardner, Gerald (ver "Scire")

Goethe, J. W. von. *A Tragédia de Fausto*. (Trad. Coxwell: Daniel, 1932.)

Graves, Robert. *Seven Days in Crete*. (Cassel, 1949)

Guest, Lady Charlotte. (Trad.) *The Mabinogion*. (Everyman, 1906.)

Hole, Christine. *Witchcraft in England*. (Illus. Mervyn Peake: Batsford, 1945.)

Hughes, Pennethorne. *Witchcraft*. (Longmans, 1952.)

Huxley, Audous. *The Devils of London*. (Chatto & Windus, 1952.)

Jâmblico de Cálcis. *Theurgia, or the Egiptian Mysteries*. (Trad. Wilder: Metaphysical Publishing Co., Nova Iorque, 1911.)

_____. *The Key of Salomon the King (Clavicula Salomonis)*. (Editado por S. L. MacGregor Mathers: Redway, 1889.)

Konig, *Ausgeburten des Menschenwahns*.

Lea, H. C. *A History of the Inquisition of Spain*. Vol. III. (Macmillan: Nova York, 1906-1907.)

Lucan, M. A. *Pharsalia*. (Trad. Ridley: Longmann, 1905.)

_____. *Malleus Maleficarum (The Hammer of the Witches)* (ver Summers, M.)

Marlowe, Christopher. *Doctor Faustus* (em Teatro: O. U. P., 1939.)

Milton, John. *Il Penseroso* (em Trabalhos Poéticos: O. U. P., 1938)

Murray, Margaret. *The Witch Cult in Western Europe*. (Clarendon Press, 1921.)

Egyptian poems. (Stockwell, 1926.)

The God of the Witches. (Sampson Low, 1931, e Faber & Faber, 1952.)

Platão. *Diálogos*. (Trad. Jowett: O. U. P., 1953.)

Plutarco. *Synus*. (em Vidas, Vol. IV, 6; York Library, 1904.)

Procluso. *On the Theology of Plato*, etc. (Impresso pelo tradutor, Thomas Taylor, Londres, 1816.)

Regardie, Israel (editor) *Ritual of the Order of the Golden Dawn* (Edição limitada a Chicago, c. 1930)

"Scire" (Gerald Gardner). *High Magic's Aid* (Atlantis Bookshop, 1949)

A Goddess Arrives. (Stockwell, 1948)

Keris and Other Malayan Weapon. (Progressive Publishing Co, Singapura, 1936)

Shakespeare, W. *Midsummer Night's Dream* [Sonho de uma Noite de Verão] (Ed. Aldred: Macmillan, 1935)

Spence, Lewis *Occult Encyclopaedia*. (Routledge, 1920)

Stobaeus. *Ede Anima ae Demona* (trad. e ed. por Warburton)

Summers, Montague. *History of Witchcraft and Demonology*. (Kegan Paul, 1926.)

_____. *Malleus Maleficarum*. (Trad. e ed. por M. Summers. Poskin Press, c. 1947.)

Tácito, C. *Germania,* XXIX (em Trabalhos, trad. Murphy: Jones, 1832)

Ward, J. S. M. *Who Was Hiram Abiff?* (Bakerville Press, 1925.)

Zohar. *Kabbala Denudata*, contendo a Maior Assembleia Sagrada. (Trad. S. L. MacGregor Mathers: Redway, 1887.)

Panfletos, Artigos, etc.

Carus, Paul. "History of the Devil" (Arquivos da Associação Internacional do Folclore, Chicago, sem data.)

Crain, David. "The Dungeon of St. Germains" (artigo em *The Isle of man Natural History and Antiquarian Society Proceedings*, 1948)

Cubbon, W. Christian. Artigos em *The Isle of Man Natural History and Antiquarian Society Proceedings*, 1927, 1935 e 1946.

Papa Inocêncio IV. Bula *Elsi Animarum* (1254)

Papa João XXII. *Twenty-two Roman Letters*. Bulas de 1318-1320.

Macchioro, Professor Vittorio. "The Villa of the Mysteries." (Publicado em Inglês por Richter & Co., Nápoles, obtenível pelo Instituto Italiano de Cultura, 39 Belgrave Square, Londres, S.W. 1. em data.)

Murray, Margaret. Artigo em *Folk lore*. Vol. LXIII, Dezembro de 1952.

Runegerg, Arne. "Witches, Demons and Fertility Magic" (*Commentiationes Humanarum Litterarum*, Helsingfors, 1947. Vol. 14, Nº 4.).

Soldan, W. G. "Geschichte des Hexenprocesse" (Stuttgart und Tubingen, 1843.)

"The Witch-burning at Clonmel"(Folk Lore, Vol. VI, 1895.)

Manuscritos

Book of the Dun Cow (facsim. em gaélico: Royal Irish Academy, 1870.)

The Sities Partidas of Castille (c. 1260: Madri)

Bispo Wilson (diário: Isle of Man. Castle Rushem papers)

Crônica de Cyprus: Machirous (c.1400: Cyprus)

Inquisicion de Tolado (leg. 138 Achivob Hist. Nacional, Madri.)

Merlin (Paris, Bibliothèque Nationale 337)

Chronique sur le cult de Saint-Denis (editado por C. Ablin : V. Retaux, Paris, 1902)

Para mais informações sobre a Madras Editora,
sua história no mercado editorial
e seu catálogo de títulos publicados:

Entre e cadastre-se no site:

 **www.madras.com.br**

Para mensagens, parcerias, sugestões e dúvidas, mande-nos um e-mail:

 **marketing@madras.com.br**

SAIBA MAIS

Saiba mais sobre nossos lançamentos,
autores e eventos seguindo-nos no facebook e twitter:

 **@madrased**

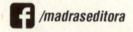 **/madraseditora**